UN ANÁLISIS PROFUNDO DEL LIBRO DE APOCALIPSIS

UN ESTUDIO VERSO A VERSO

UN ANÁLISIS PROFUNDO DEL LIBRO DE APOCALIPSIS

DR. ALAN B. STRINGFELLOW

WHITAKER HOUSE Español

Textos en negritas en las citas de la Escritura indican énfasis del autor.

Traducción al español por:
Belmonte Traductores
Manuel de Falla, 2
28300 Aranjuez
Madrid, ESPAÑA
www.belmontetraductores.com

Edición: Ofelia Pérez

UN ANÁLISIS PROFUNDO DEL LIBRO DE APOCALIPSIS
UN ESTUDIO VERSO A VERSO

ISBN: 978-1-64123-558-7
eBook ISBN: 978-1-64123-559-4
Impreso en los Estados Unidos de América.

Whitaker House
1030 Hunt Valley Circle
New Kensington, PA 15068
www.whitakerhouse.com

Por favor, envíe sugerencias sobre este libro a: comentarios@whitakerhouse.com.

5 6 7 8 9 10 11 12 **W** 29 28 27 26 25 24

SOBRE FOTOCOPIAR ESTE LIBRO

Algunas personas que nunca entrarían en una tienda y hurtarían un libro quizá no lo piensan dos veces a la hora de fotocopiar el mismo libro. Los resultados son los mismos. Ambos actos son ilegales. Muchas personas piensan erróneamente que hacer copias de un material con derechos de autor es legal si lo hacen para su uso personal y no para venderlo. Hacer copias sin autorización de cualquier material con derechos de autor para cualquier propósito, sin permiso de la casa editorial, va en contra de la ley federal y su resultado puede ser la cárcel y multas de hasta 50 000 dólares.

Primera de Timoteo 5:17-18 nos enseña a dar su salario a los obreros, específicamente a quienes trabajan en la Palabra y la doctrina cristiana. Como casa editorial, tenemos la responsabilidad moral y también legal de procurar que nuestros autores reciban una compensación justa por sus esfuerzos. Muchos de ellos dependen de los ingresos de la venta de estos libros para subsistir. Lo mismo ocurre, en efecto, con los artistas, impresores y muchas otras personas que trabajan para que estos libros estén disponibles para usted.

Por favor, ayúdenos a cumplir las leyes tanto del hombre como de Dios, desalentando a aquellos que quieran copiar este material en lugar de comprarlo. Como este libro está protegido por las leyes federales de derechos de autor, agradeceríamos que notificara cualquier violación de las leyes.

ÍNDICE

PREFACIO

Este estudio está diseñado para usarlo como temario de clase formal o como un recurso para una persona en su casa. Para recibir el máximo conocimiento e inspiración durante el siguiente curso de estudio, ofrezco estas palabras de ánimo tanto al maestro como al estudiante. Están pensadas para ayudarle a convertirse en un discípulo disciplinado de la Palabra de Dios.

Para el estudiante

- Lea la parte asignada de versículos al final de cada lección.
- Tome notas sobre el estudio de cada semana. Repase sus notas de la semana anterior antes de comenzar cada estudio.
- Marque su Biblia con referencias clave de un pasaje a otro.
- Examine las Escrituras y marque versículos en clase. Escriba versículos en este libro donde haya líneas para ello.

Prométale al Señor al menos dos o tres horas cada semana para leer la porción de escrituras asignada y hacer su tarea. Use la sección de notas al final de cada lección para anotar cualquier pregunta que surja mientras se prepara para cada lección. También, anote nuevas ideas que se presenten durante su tiempo de clase.

Ha llegado la hora de que los cristianos que se ocupan de los negocios del Señor se consagren al estudio de su Palabra para dominar los principios bíblicos básicos. Prométase a usted mismo y a Dios que vivirá según este estándar.

Para el maestro

Si está enseñando este estudio en un entorno formal de clase, primero debe prepararse usted mismo espiritualmente leyendo el libro de Apocalipsis en su totalidad. Estos versículos le asegurarán, como maestro, que el Espíritu Santo le guiará y enseñará mientras estudia su Palabra y la imparte a sus alumnos.

Al enseñar el curso, lea todo el capítulo o la parte del capítulo asignada para la siguiente lección. Tome notas e investigue las citas. También debe estar preparado para responder preguntas, añadir perspectivas o prometer investigar respuestas a cualquier pregunta de clase para la que no tenga respuesta. Además, usted debe...

- Destacar el tema de cada lección.
- No tener miedo de ser demasiado elemental para sus alumnos.
- Mantenerse en los temas principales, no en los secundarios.
- Mantener la lección lo más sencilla posible con todos los grupos de edad.
- No cambiar el bosquejo de la lección. Podría añadir ilustraciones e ideas, pero no cambie los puntos principales del bosquejo.
- Usar su propia personalidad y dejar que el Espíritu Santo le use mientras enseña.
- Esperar que sus alumnos hagan su parte, participando plenamente en la discusión y terminando las tareas de forma rigurosa.

Que Dios le bendiga, alumno o maestro, mientras comienza su estudio de *Un análisis profundo del Libro de Apocalipsis, Un estudio verso a verso.* Dejen que el Espíritu Santo les enseñe a ambos.

Lección 1
INTRODUCCIÓN

La educación del creyente no está completa si no conoce la Biblia. Ningún creyente puede vivir una vida plena y eficaz sin un firme entendimiento de la Biblia.

Propósito

Nuestro propósito en este estudio es proveer una base sólida en las Escrituras sobre el significado del libro de Apocalipsis. No es necesario estudiar estos bosquejos y notas *en lugar de* la Biblia. La Biblia misma se leerá, estudiará y examinará a medida que la persona realice el estudio.

Mêtodo

Estudiaremos este libro intentando entender cuál es el pensamiento principal, el maravilloso significado y mensaje de cada capítulo, y esforzándonos por ver su relación con toda la Palabra de Dios. No debemos embelesarnos y fascinarnos con un tema al grado de perder de vista el objetivo: dejar que los significados generales e importantes de la Biblia se apoderen de nosotros. En el estudio de cada semana, donde se incluyen líneas en blanco, por favor busque los versículos y anote el versículo o la idea principal del pasaje.

Entremos en el estudio reverentemente, sabiendo que la Biblia es el soplo del Espíritu Santo, y que Él, el Espíritu Santo, debe ser nuestro Maestro (véase Juan 14:26).

El libro de Apocalipsis como un todo

1. El libro

Nuestro estudio de este último libro de la Biblia lo realizaremos en veinticinco lecciones, una para cada uno de los veintidós capítulos de Apocalipsis, una introducción, un repaso de los capítulos 2 y 3, y un resumen de todo el libro. Enfatizaremos los puntos que:

- Dios le dio a Cristo.
- Cristo envió mediante el ángel.
- El ángel dio al siervo Juan.
- Juan dio a las siete iglesias.

Esto autentifica cada palabra que se encuentra en el libro de Apocalipsis.

La importancia del libro se encuentra en Apocalipsis 1:3. Ahí, encontramos **tres bienaventuranzas del libro**:

a. "Bienaventurado el que lee, …
b. …y los que oyen las palabras de esta profecía, …
c. …y guardan las cosas en ella escritas".

2. El autor

- Según el libro mismo, el nombre del autor fue Juan (Apocalipsis 1:4,9; 22:8).
- Juan era un profeta (Apocalipsis 22:9). Era un líder en las iglesias de Asia Menor, como se indica en los capítulos 2 y 3, y fue uno de los primeros discípulos del Señor Jesús.
- Su familia era de pescadores y, aparentemente, era una familia pudiente (véase Mateo 4:21). Él, junto a Jacobo y Pedro, tenían una relación única con el Señor (véase Marcos 5:37).
- A Juan se le menciona solo tres veces en el libro de los Hechos (véase Hechos 3:1; 4:13; 8:14), y la tradición sostiene que se asentó en Éfeso. Allí, más adelante fue arrestado y enviado por el emperador

Domiciano a la isla de Patmos, una pequeña isla en el Mar Egeo. Mientras estaba allí, Juan recibió instrucciones del Espíritu Santo de escribir el libro de Apocalipsis. Se cree que es uno de los últimos libros escritos en el Nuevo Testamento.

- Ya había escrito otros cuatro libros del Nuevo Testamento: el Evangelio de Juan, 1 Juan, 2 Juan y 3 Juan. En el Evangelio de Juan se remontó hasta la eternidad más que ningún otro escritor de la Biblia (Juan 1:1-3). En Apocalipsis, avanza en el futuro más que cualquier otro escritor de la Biblia (Apocalipsis 21, 22). *El hombre escribe la historia; Dios escribe la profecía.* Apocalipsis es profecía de Dios.

3. El mensaje central
   - *"La revelación de Jesucristo"* (Apocalipsis 1:1).
   - La palabra *apocalipsis* está compuesta por un verbo y una preposición: *apo-* significa "lejos de", *kalupto* significa "esconder, cubrir". *Apokalupsis,* por lo tanto, significa "descubrir, revelar".
   - La *"revelación"*, por lo tanto, revela y descubre el triunfo venidero de Cristo.
4. La estructura (Apocalipsis 1:19)
   - *"Escribe las cosas que has visto,"*, capítulo 1
   - *"...y las que son,"*, capítulos 2 y 3
   - *"...y las que han de ser después de estas"*, capítulos 4-22
5. La interpretación
   - Antes de entrar en el estudio versículo por versículo de Apocalipsis, permítame decir algo sobre la interpretación. Este libro es una revelación de cosas que deben suceder pronto. El entendimiento de cuándo sucederán los eventos del libro, marca la diferencia entre varias escuelas de interpretación. Si agrupamos cada teoría escrita sobre este libro, podemos hacerlo bajo cuatro títulos generales. Brevemente, son:

     a. La interpretación preterista
       - *Preterista* viene de la palabra Latina *praeter*, que significa "pasado". Así, este es el grupo que ve el Apocalipsis como algo que ya ha sido cumplido en los años y generaciones pasadas.
       - Piensan que ciertos capítulos del libro de Apocalipsis narran la victoria de la iglesia sobre el judaísmo, mientras que otros capítulos narran su victoria sobre Roma. Y creen que todo el libro se cumplió en la era de Constantino, en el 312 d. C.

     b. La interpretación históricamente continua
       - Estas personas creen que Apocalipsis es un panorama de la historia de la iglesia, desde los días de Juan hasta el final de la era. Defienden que el libro ha estado en proceso de ser cumplido a través de toda la era cristiana.
       - La mayoría de los reformadores interpretaron el libro de esta manera, pero la interpretación de cada hombre dentro de este punto de vista es una maquinación en sí misma. No hay uniformidad de detalles y hay mucho dogmatismo y contradicción entre los que intentan interpretar el libro de esta forma.

     c. Los espiritualistas (también llamados idealistas)
       - Estas personas interpretan el libro como un símbolo de la gran lucha del bien y del mal. No aceptan el libro como literal, solo simbólico.
       - El libro de Apocalipsis describe, según ellos, una lucha entre las fuerzas del bien y las fuerzas del mal, y el triunfo final de lo que es bueno.
       - Cuando espiritualizamos las Escrituras, se puede conseguir que la Biblia diga cualquier cosa que queremos que diga. En palabras sencillas, los espiritualistas son quienes ven el libro sin

tener un significado concreto ni en el tiempo ni en la historia, siendo meramente un panorama simbólico del conflicto entre el bien y el mal. En otras palabras, parece ser solo una alegoría.

d. La interpretación futurista

- Este es el grupo que cree que comenzando desde el capítulo 4 de Apocalipsis, se describe una revelación de la consumación de los tiempos.
- La mayoría de los que se llaman "evangélicos" creen en esta interpretación básica: que la mayoría de las cosas de este libro aún están por suceder. Así que nos llamamos futuristas porque, en este libro de Apocalipsis, seguimos las cosas que conducen a la gran consumación final, el establecimiento del reino de nuestro Señor en la tierra, e incluso tenemos un registro del nuevo cielo, la nueva tierra, la nueva Jerusalén y nuestra morada eterna con Dios.
- Los que creemos esto encontramos dos o tres cosas que nos hacen creer que el libro de Apocalipsis se debe interpretar de esta forma:
    1.) La mayoría de las cosas que están escritas en el libro de Apocalipsis nunca se han cumplido. Aún han de verse; aún han de suceder. Nunca se han producido, en toda la historia de la humanidad, juicios tales como los que encontramos en el libro de Apocalipsis.
    2.) Apocalipsis habla de resurrecciones que aun han de suceder. El pueblo de Dios será resucitado de la muerte. Se les dará una parte en el reino de Jesús. Los santos de Dios estarán con Él en las bodas del Cordero. Los muertos malvados comparecerán ante el trono blanco del juicio de Dios.
- En otras palabras, todo esto es para el futuro. Por lo tanto, se nos llama *futuristas* y comenzamos con la premisa de que no hemos visto el rapto de la iglesia, porque aún estamos aquí, y que la tribulación sigue formando parte del futuro, porque la iglesia aún sigue aquí.

Nada en la historia se puede comparar a los juicios descritos en este libro.

Le animo a detener su decisión sobre la teoría con la que usted está de acuerdo hasta después de que haya terminado este estudio.

6. Actitudes hacia el Apocalipsis

- Hablando en términos generales, hay dos actitudes extremas hacia el Apocalipsis.
    a. Unos dicen que el libro no se puede entender y que, por lo tanto, no se debería estudiar, enseñar o predicar. Las diferencias de interpretación –destacan ellos– han dividido a los cristianos y por eso no se debería interpretar.
    b. Otros consideran estar tan seguros de cada detalle del libro, que ponen fechas y proponen interpretaciones drásticas del libro.
- La actitud adecuada hacia este libro no reside en ninguno de estos extremos. El libro es importante y beneficioso, como sucede con todas las Escrituras.
- *Debemos abordarlo con el sentimiento de una total dependencia del Espíritu Santo como nuestro maestro.* Aunque este libro trata principalmente sobre el futuro, nuestro conocimiento del mismo debería afectar nuestras vidas en el presente.
- Su estudio ayuda a responder muchas preguntas sobre otras partes de las Escrituras que aparentemente serían difíciles de interpretar sin algo de conocimiento del libro de Apocalipsis.

7. Desde Génesis hasta Apocalipsis

- El libro de Apocalipsis es la terminación del círculo de la Palabra revelada de Dios. Lo que comenzó en Génesis, encuentra su clímax final y consumado en Apocalipsis.

- Génesis nos da la historia de la creación de los cielos y la tierra; Apocalipsis es la historia de la creación del nuevo cielo y la nueva tierra.
- En Génesis leemos que el hombre pierde su primer paraíso. En Apocalipsis leemos cómo el paraíso es devuelto al hombre caído.
- Génesis nos da la historia del árbol de la vida y cómo el hombre fue alejado de él. En Apocalipsis vemos la historia del árbol de la vida y cómo el hombre es invitado de nuevo a él.
- En Génesis se nos presenta a Satanás por primera vez; en Apocalipsis aparece por última vez en su destino cierto y final.
- En Génesis está la historia de la entrada del pecado en el mundo, con el dolor, el esfuerzo y el sufrimiento que produjo. El libro de Apocalipsis describe el gran anuncio de que *"ya no habrá muerte, ni habrá más llanto, ni clamor, ni dolor"* (Apocalipsis 21:4).
- En Génesis está la historia de la primera muerte, el primer montículo de tierra sobre el que los primeros padres lloraron y clamaron. En Apocalipsis está el glorioso anuncio que dice *"ya no habrá muerte"* (Apocalipsis 21:4).
- Génesis cuenta la historia de la vasta desobediencia del hombre y de la construcción de la torre de Babel. Apocalipsis es la historia de la destrucción de Babilonia y el sistema del mundo que representa.
- En Génesis está la historia de la creación del primer hombre, Adán, y su dominio sobre todas las cosas que Dios hizo. En Apocalipsis está la historia y la revelación del segundo Adán, y su dominio sobre las cosas en el cielo y en la tierra.
- En Génesis está la historia de la primera mujer, la primera novia, y cómo fue hecha como ayuda para el hombre. En Apocalipsis está la historia de la novia, la iglesia de Cristo, y cómo compartirá con Él su grande y exaltada gloria eterna.

¿Cuánto recuerda?

1. Nombre los libros que escribió el apóstol Juan.
2. ¿Cuál es el mensaje central de Apocalipsis?
3. ¿Dónde se escribió este libro?
4. ¿Cuál es la estructura del libro?
5. ¿Cuáles son las cuatro interpretaciones generales de este libro?
6. ¿Cuál es la manera correcta de abordar este libro para evitar las actitudes extremas?
7. Relate tres ideas del libro de Génesis que se completan y cierran el círculo en Apocalipsis.

Su tarea para la próxima semana:

1. Lea Apocalipsis 1.
2. Repase sus notas de esta introducción.
3. Subraye y marque su Biblia.

Notas de la Lección 1

Lección 2
APOCALIPSIS 1

1. *"Escribe las cosas que has visto..."* (Apocalipsis 1:19).
   - En obediencia a ese mandato, Juan comenzó en el capítulo 1 a escribir las cosas que había visto. Vio al Señor glorificado, el Alfa y la Omega, el principio y el fin.
2. La introducción del capítulo (versículos 1-2)
   a. *"La revelación de Jesucristo"*
      - *"Revelación"* viene de la palabra griega *apokalupsis*, o apocalipsis, que significa una revelación o descubrimiento. Es una revelación o un descubrimiento del Señor, Jesucristo.

   b. *"que Dios le dio, para manifestar a sus siervos"*
      - Aquí, la razón de esta revelación queda clara: para que la Revelación fuera conocida, no oculta.
      - Vemos las inusuales palabras: *"que Dios le dio"*. Dios, en pacto, ha hecho una promesa a nuestro Señor Jesucristo. Como Cristo se humilló, como derramó su vida hasta la muerte, y como se hizo carne y sangre y sufrió por los pecados del mundo, Dios le ha dado una gran recompensa. La plenitud y gloria de esa recompensa se ven en las páginas del Apocalipsis.
      - Como nuestro Señor se humilló a sí mismo y sufrió por nuestros pecados, Dios, en pacto, ha declarado que exaltará a nuestro Salvador sobre todo principado, potestad y autoridad.

   c. *"las cosas que deben suceder pronto"*
      - Aquí se nos da un periodo de tiempo para el Apocalipsis. Estas cosas son inminentes y sucederán en un periodo de tiempo corto, pero aún no han ocurrido.
      - ¿Cuánto tiempo es *"pronto"*? Tengamos en mente que este es el periodo de tiempo de Dios, no del hombre. El tiempo del cumplimiento puede parecer distante, pero cuando suceda no habrá retraso en su ejecución, y los eventos sucederán rápidamente.

   d. *"y la declaró enviándola por medio de su ángel a su siervo Juan"*.
      - Tanto el método de entrega de la Revelación como el autor del libro se dan a conocer.
      - Observemos cómo se transmitió la comunicación: Dios Padre; a Cristo; a un ángel; a Juan; a los siervos de Dios. Juan fue el instrumento humano que testificó de la Palabra de Dios y el testimonio de Cristo, como vemos en el siguiente versículo.

   e. *"que ha dado testimonio de la palabra de Dios, y del testimonio de Jesucristo, y de todas las cosas que ha visto"*.
      - En esta introducción, vemos que Juan sabía que estaba escribiendo las Santas Escrituras.
3. Símbolos del capítulo
   - Al leer el primer versículo encontramos la palabra *"enviándola"*. El ángel pudo pasar ante los ojos y en presencia de Juan en la isla de Patmos. El ángel le dio a Juan las cosas que sucederían. Juan las vio al haberle sido *enviadas*. En otras palabras, Juan las vio mediante señales y símbolos. Es muy parecido a lo que Satanás hizo con Jesús cuando llevó a nuestro Señor a un monte alto y le mostró todos los reinos del mundo y la gloria de ellos en un solo momento.
   - El ángel hizo pasar ante los ojos de Juan todas las cosas que habrían de suceder en los siglos venideros.
   - Los símbolos dados en la palabra *"enviándola"* representan muchas cosas diversas, porque en este libro encontramos que describe ángeles y demonios, poderes y principados, y agentes y naciones y

potentados. Encontraremos que muchos de estos símbolos y señales se explicarán, y normalmente podemos encontrar su significado en las palabras apocalípticas y proféticas del Antiguo Testamento, así como en el Nuevo. Cubriremos muchos ejemplos de esto mientras estudiamos el libro de Apocalipsis.

4. Las tres bienaventuranzas de Apocalipsis
    - La importancia de este libro se puede encontrar en el capítulo 1 y versículo 3. Busque este versículo:

      ____

      ____

      ____

    - Dios dice que somos bienaventurados por leer este libro y por guardar y valorar las palabras de esta profecía.
    - Recordemos que se quita el sello a este libro y que Juan recibió la instrucción de no sellar el libro. Dios nos ha dado el libro sin sellar para que nuestros ojos puedan leerlo y nuestros corazones puedan ser fortalecidos con él.
5. El saludo (1:4)
    - Aquí, Juan dirige la carta a las siete iglesias que están en Asia; hablaremos de estas siete iglesias en los capítulos 2 y 3.
    - Juan extiende el saludo en el nombre de la Trinidad.
    - Juan extiende el saludo escribiendo una descriptiva trinidad de la primera persona de la Deidad, el Señor Dios, cuando dice: *"del que es y que era y que ha de venir"*.
    - Escribe una trinidad descriptiva de la tercera persona de la Deidad: *"siete espíritus que están delante de su trono"* (1:4).
    - Así como tenía tres cosas que decir sobre las otras dos personas de la Deidad, también dice tres cosas sobre Jesús, nuestro Señor: *"el testigo fiel, el primogénito de los muertos, y el soberano de los reyes de la tierra"* (1:5).
    - El saludo, por lo tanto, es en el nombre del trino Dios: *"del que es y que era y que ha de venir"* (1:4); del Espíritu Santo, descrito como los siete espíritus de Dios, representando el séptuple ministerio del Espíritu como se describió en Isaías 11:2; y de Jesucristo, que es el testigo fiel y el primogénito de los muertos y el Príncipe de los reyes de la tierra.
6. Una gloriosa adscripción de alabanza
    - En mitad del versículo 5 encontramos a Juan dando esta alabanza a nuestro Señor:
      "Al que nos amó, y nos lavó de nuestros pecados con su sangre, y nos hizo reyes y sacerdotes para Dios, su Padre; a él sea gloria e imperio por los siglos de los siglos. Amén".
    - Pareciera como si mientras Juan escribía lo que el Espíritu Santo le dictaba, cuando mencionó el nombre de Jesús se levantó y se arrodilló en adoración y en gloria.
    - Las cosas que menciona Juan en su adscripción de alabanza son cosas concernientes a nuestra salvación: Primero, *"Al que nos amó"*. Segundo, a aquel que *"nos lavó de nuestros pecados con su sangre"*. Tercero, vemos el resultado: a aquel que *"nos hizo reyes y sacerdotes para Dios, su Padre"*.
    - Más de estas doxologías y adscripciones de alabanza se encuentran a lo largo del libro Apocalipsis (véase también Apocalipsis 4:9-11; 5:13; 7:11-12).
    - La espontaneidad de esta atribución de alabanza es como la del resto de los apóstoles, como mencionó Pablo en Efesios 3:20-21.

- Busque Efesios 3:20-21:

____

____

____

____

____

- Podemos encontrar atribuciones similares de alabanza en 1 Timoteo 1:17 y Judas 1:24-25.
- Brevemente, en una rápida mirada a los versículos 4 y 5, tenemos un saludo de la Trinidad: el Padre; siete espíritus que representan el séptuple ministerio del Espíritu Santo, como se describe en Isaías 11:2; y Cristo, designado como el testigo fiel, el primogénito de los muertos (su resurrección) y el Soberano (no príncipe) de los reyes de la tierra, lo cual hace referencia a su futuro reinado sobre la tierra. El libro está dedicado a Cristo, que fue su autor, y sobre quien habla. Tres cosas se atribuyen a Él en los versículos 5 y 6:
    a. Primero, Él nos ama (tiempo presente).
    b. Segundo, Él nos liberó, nos lavó de nuestros pecados con su sangre.
    c. Tercero, nos hizo un reino (no reyes) y sacerdotes de Dios. La palabra *reino* ve a los creyentes como un cuerpo, o de forma colectiva en nuestra relación con Cristo, mientras que la palabra *sacerdotes* se refiere a nuestra relación individual con Él.

7. El tema y el texto del libro de Apocalipsis: versículo 7

- Este es el clamor que leemos a lo largo de toda la Palabra de Dios, y especialmente en este libro de Apocalipsis. El gran anuncio: *"He aquí que viene con las nubes, y todo ojo le verá"* es el tema recurrente de toda la Biblia. Aquí hay ejemplos de estas reincidencias que hablan de la venida de Cristo:
    a. En el huerto del Edén, la promesa del Señor de que la simiente de la mujer aplastaría la cabeza de la serpiente, que se encuentra en Génesis 3:15, no es otra cosa que esta misma proclamación gloriosa: *"He aquí que viene"*.
    b. Mateo 24:37: *"Mas como en los días de Noé, así será la venida del Hijo del Hombre"*. Las pruebas y angustias, los salmos y cantos de David, son meros prototipos del regreso de nuestro Señor.
    c. En el Nuevo Testamento, uno de cada veinte versículos tiene que ver con la segunda venida del Señor Jesucristo.
    d. En Lucas 19:13 Cristo dice a los diez siervos: *"Negociad entretanto que vengo"*.
    e. En Juan 14:1-3 el Señor consuela a sus discípulos, y lo hizo con palabras sobre su venida futura cuando dijo: *"No se turbe vuestro corazón...Y si me fuere...vendré otra vez, y os tomaré a mí mismo"*.
    f. Pablo predicó el mismo tema sobre la venida de Cristo. En 1 Corintios 15:51-52 Pablo dice: *"He aquí, os digo un misterio: No todos dormiremos; pero todos seremos transformados, en un momento, en un abrir y cerrar de ojos, a la final trompeta; porque se tocará la trompeta, y los muertos serán resucitados"*.
    g. Filipenses 3:20-21: *"Mas nuestra ciudadanía está en los cielos, de donde también esperamos al Salvador, al Señor Jesucristo; el cual transformará el cuerpo de la humillación nuestra, para que sea semejante al cuerpo de la gloria suya"*.
    h. Otro ejemplo es toda la sustancia de la carta a Tesalónica, en la que cada capítulo termina con una discusión del regreso de nuestro Señor.

i. En Tito 2:13 Pablo dice: *"aguardando la esperanza bienaventurada y la manifestación gloriosa de nuestro gran Dios y Salvador Jesucristo".*
j. Hebreos 9:28 dice: *"y aparecerá por segunda vez, sin relación con el pecado, para salvar a los que le esperan".*
k. Y Judas 14: *"He aquí, vino el Señor con sus santas decenas de millares".*

- Podremos ver que este es el resumen y tema climático del texto glorioso de toda la Biblia: *"He aquí que viene con las nubes, y todo ojo le verá"* (Apocalipsis 1:7). Eliminemos esta promesa de la fe cristiana y tendremos un fragmento mutilado de la Palabra de Dios. Así como se fue, Él regresará. De cierto que sus pies reposarán sobe la cumbre del Monte de los Olivos. Si Él se fue para nuestra justificación, regresará para nuestra redención y nuestra última y plena salvación.

8. El anuncio: *"He aquí que viene con las nubes".*
   - Juan estaba presente cuando nuestro Señor se fue. Él vio que las nubes lo recibían ocultándole de su vista, y oyó también el anuncio del ángel escrito en Hechos 1:11: *"Este mismo Jesús, que ha sido tomado de vosotros al cielo, así vendrá como le habéis visto ir al cielo".*
   - Siempre, cuando nuestro Señor es presentado como apareciendo y volviendo de nuevo, es con nubes. Veamos estos pocos ejemplos:
     a. Daniel 7:13: *"Miraba yo en la visión de la noche, y he aquí con las nubes del cielo venía uno como un hijo de hombre, que vino hasta el Anciano de días".*
     b. Mateo 24:30: *"Entonces aparecerá la señal del Hijo del Hombre en el cielo; y entonces lamentarán todas las tribus de la tierra, y verán al Hijo del Hombre viniendo sobre las nubes del cielo, con poder y gran gloria".*
     c. Mateo 26:62,64: *"Y levantándose el sumo sacerdote, le dijo: ¿No respondes nada? ¿Qué testifican éstos contra ti?... Jesús le dijo: Tú lo has dicho; y además os digo, que desde ahora veréis al Hijo del Hombre sentado a la diestra del poder de Dios, y viniendo en las nubes del cielo".*
   - Los que amamos al Señor, ahora sabemos que la primera venida del Señor no tiene sentido si nos olvidamos de la segunda. La primera venida no tiene importancia salvo por la gloriosa consumación de la segunda venida.

9. Una venida secreta y abierta: versículo 7
   - Presento esto ahora porque parece haber una contradicción aquí en las Escrituras. Estudiemos esto para descubrir cómo usar Apocalipsis 1:7 junto a otros versículos de la Biblia.

   a. Una venida secreta
      - Apocalipsis 16:15 dice: *"He aquí, yo vengo como ladrón. Bienaventurado el que vela, y guarda sus ropas, para que no ande desnudo, y vean su vergüenza".*
      - Apocalipsis 3:3: *"vendré sobre ti como ladrón, y no sabrás a qué hora vendré sobre ti".*
      - Mateo 24:42 es muy similar, diciendo: *"Velad, pues, porque no sabéis a qué hora ha de venir vuestro Señor".*
      - Primera de Tesalonicenses 5:2 dice: *"Porque vosotros sabéis perfectamente que el día del Señor vendrá, así como ladrón en la noche".*

   Ahora bien, ¿es esto una contradicción? ¡No! Porque cuando leemos el texto de Apocalipsis 1:7 debemos leer exactamente lo que el Espíritu de Dios ha dicho, no lo que nosotros *pensamos* que dijo.

Busque Apocalipsis 1:7 y medite exactamente en lo que dice:

____

____

____

____

____

No dice, como afirman muchos, que todos lo verán a la vez, en el mismo lugar, de la misma manera, y con el mismo sentir. Habrá algunos que lo verán cuando Él venga como ladrón para robar a sus joyas, refiriéndose a nosotros. Habrá algunos que lo verán cuando los rayos terribles abran el cielo y Él venga en todo su juicio.

b. Una venida abierta
   - *"y los que le traspasaron; y todos los linajes de la tierra harán lamentación por él. Sí, amén"* (Apocalipsis 1:7).
   - Los que atravesaron sus manos con los clavos y clavaron la lanza en su costado algún día verán al Señor, cara a cara.
   - La palabra *"linajes"* aquí significa "tribus". Esto incluye todas las familias de la tierra.
   - La iglesia ha sido llamada, y aquí, en el mundo, vemos el rechazo y a los incrédulos, y después aparece el gran juez del mundo. En un momento, la tierra cambiará debido al juicio de Dios.

- Hay dos actos en este gran drama final y climático: Él viene como ladrón para robar a su pueblo, la iglesia; Él también viene sobre el trono de su gloria y de su juicio.
- Todos deberán mirar algún día el rostro del Señor Jesús. Así que hay dos formas en las que nuestro Señor viene: primero, secretamente, como un ladrón sin anunciar su venida a buscar a su pueblo. Después viene a esta tierra con sus santos, es decir nosotros, como relámpago, visible para los ojos de todos los incrédulos, estableciendo en este mundo un mandato final de paz y el establecimiento del reino milenial de nuestro Dios.

10. Yo soy: versículo 8
   - *"Yo soy el Alfa y la Omega".*
   - *Alfa* es la primera letra del alfabeto griego; *omega* es la última. Cristo está afirmando que Él es todo, desde el principio hasta el final, de la a, a la z.
   - Se enfatizan dos grandes atributos de Cristo en estos primeros comentarios de Apocalipsis:
      a. *"del que es y que era y que ha de venir"* (versículo 4). Esto comunica la idea de que Cristo existía antes de cualquier punto específico del tiempo, y que seguirá existiendo después de que el tiempo dé paso a la eternidad.
      b. *"el Todopoderoso"* (versículo 8). Esto significa literalmente "el omnipotente y poderoso".

   Estos atributos solo pueden ser ciertos de alguien que es Dios. No hay límite para el poder del Cristo Todopoderoso.

11. *"En la isla llamada Patmos"*: versículo 9
   - Juan nos dice algo importante en este versículo.
   - Se identifica a sí mismo.
   - Da a conocer su relación con otros creyentes cuando dice: *"Yo Juan, vuestro hermano, y copartícipe vuestro en la tribulación"* (Apocalipsis 1:9).

- Juan no estaba en la isla de Patmos porque fuera anciano; fue enviado allí por predicar la Palabra de Dios con celo.
- Juan no se postraba ante ningún gobernante o imagen, concretamente del césar romano Domiciano, así que fue exiliado a la isla de Patmos.
- Patmos tiene solo unos cuarenta kilómetros de diámetro y es muy escarpada y montañosa. Juan no estaba encadenado, custodiado o metido en una mazmorra. Fue en este entorno donde vio la sublime Revelación.
- ¿Por qué permite el Señor que su pueblo sea perseguido y sufra? Dios tiene un propósito elegido en estos sufrimientos y pruebas. De ellas, su verdad es dada a conocer al mundo.
- Al leer el versículo 9 cualquiera pensaría que Juan estaría abatido dadas sus circunstancias. Estoy seguro de que la mayoría de nosotros sentiríamos autocompasión, pero Juan estaba en el Espíritu y estaba en la isla de Patmos con un propósito. La razón por la que estaba allí se puede encontrar en este versículo del estudio: *"por causa de la palabra de Dios y el testimonio de Jesucristo"* (versículo 9).

12. Una visión glorificada del Señor Jesús: versículos 10-16.
    - Aquí tenemos una sección de las Escrituras que presenta una visión del Señor Cristo. Lo primero y más importante que vio Juan en su visión en Patmos fue a Cristo mismo.
    - Recordemos que Juan estaba en el Espíritu el día del Señor.
    - El mandamiento llegó con voz de trompeta, una señal en la Biblia para mensajes, sucesos y revelaciones importantes.
    - Con la voz de la trompeta, a Juan se le manda escribir estas cosas para el pueblo de Dios:
    a. *"Escribe en un libro lo que ves, y envíalo a las siete iglesias que están en Asia"* (1:11).
        - Juan ve a Cristo en medio de los siete candeleros de oro, lo cual simboliza las siete iglesias a las que se dirige.
        - Estos candeleros eran semejantes a los que proporcionaban la luz para el antiguo tabernáculo judío.
        - Esta imagen de Cristo, en medio de los candeleros, lo presenta como la Luz del mundo, iluminando ante la humanidad el verdadero significado de Dios.
        - Juan nombra las siete iglesias a las que tiene que enviar sus escritos: Éfeso, Esmirna, Pérgamo, Tiatira, Sardis, Filadelfia y Laodicea.
        - Estas eran las siete iglesias de Asia, conectadas por antiguas calzadas romanas por las que el mensajero que llevaba el documento podía transitar fácilmente de una iglesia a otra.
        - ¿Por qué solo siete iglesias cuando había muchas más iglesias en Asia? El número siete, según su significado simbólico en las Escrituras, representa lo completo. Es un número pleno y completo. Cuando Cristo dirige los mensajes a las siete iglesias de Asia, los dirige a todas las iglesias de todas las eras y de todos los tiempos.
    b. *"Y me volví para ver la voz que hablaba conmigo; y vuelto, vi siete candeleros de oro, y en medio de los siete candeleros, a uno semejante al Hijo del Hombre"* (vs. 12 y 13).
        - Esto es como decir: "En medio de los siete candeleros vi a las siete iglesias, y a uno que se parecía al Hijo del hombre".
        - Juan hacía más de sesenta años que no veía al Señor.
        - La última vez que lo vio, estaba ascendiendo al cielo.
        - Primero vio la humanidad, la forma humana de Dios, el Hijo del hombre. Dios encarnado.
        - Sin embargo, dice: *"uno **semejante** al Hijo del Hombre"*. La descripción que sigue es algo mucho más allá de lo que podríamos describir. Pero esa figura que vio Juan en su gloria es el Alfa

y la Omega, el principio y el fin, el que era, y el que es, y el que ha de venir, el Todopoderoso, el Señor Dios, Dios mismo.

c. Una descripción de nuestro Señor

- Juan describió la visión del Señor vivo. Busque Apocalipsis 1:13-16:

____

____

____

____

____

____

____

____

____

____

____

____

____

____

- Juan presenta al Señor con dos símbolos de función y siete símbolos de carácter.

  Los símbolos de **función** son:

  1.) *"vestido de una ropa que llegaba hasta los pies"* (1:13)
     - Esto alude a su dignidad, su autoridad judicial y su presencia de rey.
     - Estaba vestido con una túnica hasta los pies, el vestido sacerdotal de un sacerdote y la túnica real de un rey.

  2.) *"y ceñido por el pecho con un cinto de oro"* (1:13)
     - Esto es de la antigüedad cuando un hombre iba a servir, cuando tenía que correr o trabajar, se ceñía su cintura. Pero este cinto era a la altura del pecho. Es el reposo real del Hijo de Dios, que se sienta en el trono del Todopoderoso.
     - Este símbolo también se refiere a su afecto, su entendimiento, su compasión y su amor por el pueblo del Señor.

  Los símbolos de **carácter** son:

  1.) *"Su cabeza y sus cabellos eran blancos como blanca lana, como nieve"* (1:14)
     - Esto se refiere a la pureza de sus pensamientos y la eternidad de su carácter como el "anciano de días". Es dignidad eterna.

  2.) *"sus ojos como llama de fuego"* (1:14)
     - Esto indica la omnisciencia del Dios todopoderoso.
     - Hebreos 4:13 dice: *"todas las cosas están desnudas y abiertas a los ojos de aquel a quien tenemos que dar cuenta"*. Sus ojos son como una llama de fuego.

3.) *"y sus pies semejantes al bronce bruñido"* (1:15)

- Todos los instrumentos del atrio estaban hechos de bronce porque tenían que ver con el juicio. *"...y sus pies semejantes al bronce bruñido, refulgente como en un horno"*.
- Ningún hombre puede mirar la santa justicia de la presencia de Dios. Él pisotea a sus enemigos; camina sobre el pecado.

4.) *"y su voz como estruendo de muchas aguas"* (1:15)

- *"Muchas aguas"* se refiere a muchos mensajeros, muchos profetas, aunque solo hay una Palabra del Señor grande y eterna.
- Así como un río poderoso se forma de muchos arroyos y muchas fuentes, así su voz es como el sonido de muchas, muchas aguas.
- Muchas aguas, pero una gran voz.

5.) *"Tenía en su diestra siete estrellas"* (1:16)

- Las siete estrellas se traducen como siete ángeles, mensajeros o pastores de las siete iglesias.
- En la mano de autoridad, su diestra, que es la mano de poder, habilidad, fuerza y potencia, Dios sostiene y retiene a sus siervos.
- El predicador es un mensajero, y también una estrella que refleja la luz de la gloria de Dios. El ministro no crea la luz, sino que refleja la luz del Hijo de Dios.

6.) *"de su boca salía una espada aguda de dos filos"* (1:16)

- La espada de dos filos es la Palabra de Dios. Este es el poder del mensaje de Cristo cuando se proclama.
- Efesios 6:17 dice: *"la espada del Espíritu, que es la palabra de Dios"*.
- La Palabra de Dios es el juicio vivo y ardiente del Todopoderoso sobre el mundo.

7.) *"y su rostro era como el sol cuando resplandece en su fuerza"* (1:16)

- Las estrellas son los predicadores de la Palabra, pero Cristo es el poder, la gloria y el triunfo, y su rostro era como el sol brillando.
- En el camino a Damasco, Saulo de Tarso conoció a Cristo. Vio su rostro, y el rostro en su cara era como el sol que resplandece a mediodía.
- En 2 Corintios 4:6 Pablo dice: *"Porque Dios, que mandó que de las tinieblas resplandeciese la luz, es el que resplandeció en nuestros corazones, para iluminación del conocimiento de la gloria de Dios en la faz de Jesucristo"*.

13. El Señor que está vivo: versículo 17

- *"Cuando le vi, caí como muerto a sus pies"* (1:17).
- Este fue un asombro reverencial de Juan delante del Señor Cristo.
- Está mirando al anciano de días y ve esas siete cosas que ha descrito en los versículos previos, y cae delante del Señor como alguien que podría estar muerto.
- Al ser abrumado por la visión del Señor glorioso, leemos ese dulce versículo que dice: *"Y él puso su diestra sobre mí, diciéndome: No temas"* (1:17).
- Notemos la diestra, la mano de favor, y la mano que sostiene a los débiles, levanta a los caídos y da fortaleza a los que no tienen ninguna.
- Él no tuvo que hacer el gesto. Solo podría haberle hablado a Juan, pero así es nuestro Señor. Cristo siempre puso su mano sobre los ojos de los ciegos y los oídos de los sordos. Sanaba a los enfermos tocándolos.

14. Las llaves del Señor Jesús sobre el infierno y la muerte: versículo 18
    - Notemos cómo Cristo se describe a sí mismo en los versículos 17 y 18: *"yo soy el primero y el último; y el que vivo, y estuve muerto; mas he aquí que vivo por los siglos de los siglos, amén. Y tengo las llaves de la muerte y del Hades"*.
    - Este versículo testifica del señorío universal de Cristo.
    - Su soberanía se presenta igualmente en Filipenses 2:9-11:

> *Por lo cual Dios también le exaltó hasta lo sumo, y le dio un nombre que es sobre todo nombre, para que en el nombre de Jesús se doble toda rodilla de los que están en los cielos, y en la tierra, y debajo de la tierra; y toda lengua confiese que Jesucristo es el Señor, para gloria de Dios Padre.*

- Jesús, como Señor, es rey, sobre todo. Se dice aquí en estas palabras: *"Yo… tengo las llaves del infierno y del Hades"*. Esto se podría y se debería escribir como sigue: "Yo tengo las llaves del Hades (las almas de los hombres) y de la tumba (los cuerpos de los hombres)".
    a. Veamos la autoridad de Cristo sobre el mundo invisible.
        - Las llaves son un símbolo de autoridad, control y posesión.
        - Isaías profetizó en Isaías 9:6: *"y el principado sobre su hombro"*.
        - Por terribles que sean, los poderes del infierno y de la muerte no tienen permiso de desbocarse sin autoridad y control. No hay nada en el cielo o debajo del cielo, nada en la tierra ni debajo del a tierra, y nada en la vida ni en la muerte que no esté bajo la vigilancia del gran Dios y de nuestro Salvador, Jesucristo.
    b. Veamos el término "llaves del Hades".
        - Es decir, Cristo es el soberano del mundo invisible: el mundo de las *almas* de los hombres. La diferencia entre espíritu y alma es que el espíritu nunca está encarnado; siempre es espíritu. El alma lleva consigo la idea de un cuerpo sin excepción. El espíritu puede ser puro espíritu, disociado del cuerpo, pero el alma está siempre asociada al cuerpo. Hablamos de Cristo como el rey sobre las almas de los hombres porque el cuerpo será una parte del plan redentor de Dios. Cuando digo alma, me estoy refiriendo al creyente, cuyo cuerpo está en la tumba y cuyo espíritu está con el Señor, aun esperando ese día glorioso en el que Dios reunirá las almas de los hombres con los cuerpos que ahora están en el corazón de la tierra.
        - Cristo es adorado en el cielo y temido en el infierno.
        - Podemos parafrasear este versículo como si el Señor dijera: "Tengo las llaves del cielo, y de la gloria, y del paraíso, y nadie puede arrebatarlas de mi mano". Estamos seguros para siempre y eternamente.
    c. ¿Y qué hay de las llaves del infierno?
        - Él también tiene las llaves del tormento, de la Gehena. Este lugar es llamado tormento, condenación y perdición.
        - Cuando morimos, estamos con nuestro Señor en el paraíso, en la gloria, pero cuando los condenados o los perdidos mueren, caen en la perdición o la condenación.
        - Nuestro Señor es rey sobre el infierno. Los perdidos y condenados no le reconocieron o creyeron en Él en esta vida, así que ahora, en la vida venidera, se postran y confiesan en tormento y agonía.
        - Cuando un alma va más allá del poder de convicción de la misericordia y la gracia, y pasa de largo, esa llave se gira, y se gira para siempre. Solo Jesús tiene la llave. Esta llave algún día se cerrará sobre Satanás.

d. Las llaves de la muerte.

   Ahora hablamos de los cuerpos de los hombres caídos en la tumba.

   - La muerte es un espectáculo horrible. Dios llama a la muerte un enemigo. La muerte es un intruso.
   - Ninguno escapa de la muerte, porque por un hombre el pecado entró en el mundo, y por lo tanto por un hombre todos moriremos.
   - Pero el Señor Jesús dice: *"Yo... tengo las llaves del infierno y del Hades"*. La llave está en su mano.
   - Dios sabe cuándo moriremos. Dios sabe cómo moriremos.
   - La muerte, para el cristiano, no es muerte; dormimos en Jesús. En la muerte, esperamos con el Señor a esa grande y final consumación y plena redención de la posesión adquirida, que es el alma y el cuerpo.
   - No debemos tener miedo, porque para nosotros la muerte es estar con nuestro Señor.
   - Cristo reinará sobre la muerte y seremos resucitados incorruptibles.
   - Busque 1 Corintios 15:25-26:

____

____

____

____

15. El bosquejo de Dios del Apocalipsis: versículo 19.

- Esta parte en concreto de la lección es clave para la interpretación del libro de Apocalipsis. El texto es el bosquejo de Dios, que no se puede superar. Hay muchos bosquejos hechos por los hombres, y todos ellos parecen buenos, pero ninguno es el bosquejo de Dios para nosotros.

a. En el versículo 19 encontramos el bosquejo: *"Escribe las cosas que has visto"*. Esa es la primera parte.
   - Esta es la primera división del libro. En obediencia a ese mandato, Juan se sentó y escribió las cosas que había visto (los siete candeleros, la visión del Señor vivo, todo escrito en el capítulo 1).

b. La segunda parte del bosquejo es *"escribe... las que son"* (1:19).
   - Está hablando sobre las iglesias, que se encuentra en Apocalipsis 1:20: *"los siete candeleros que has visto **son** las siete iglesias"*.
   - Así que la segunda gran división de Apocalipsis tiene que ver con las cosas de las siete iglesias, todas las iglesias durante los siglos, que encontraremos en Apocalipsis 2 y 3: la segunda parte del bosquejo.

c. La tercera parte del bosquejo dice: *"escribe... las que han de ser después de estas"*. Estas cosas son después de estas iglesias (1:19).
   - La tercera parte del bosquejo comienza en el capítulo 4 de Apocalipsis y continúa hasta el final del libro.
   - Aquí, Juan revela lo que Dios va a hacer en su juicio sobre este mundo después de que la iglesia haya completado su historia, y después de que Cristo haya venido por nosotros.
   - Cuando acudimos al capítulo 4 del libro de Apocalipsis, la iglesia se ha ido. La próxima vez que vemos la iglesia es en el capítulo 19 de Apocalipsis, como la novia en las bodas del Cordero.

- En el último versículo del capítulo 1 Dios mismo explica el simbolismo de las siete estrellas y los siete candeleros. Dios establece un patrón alentador aquí, mostrando que todos los símbolos del libro de Apocalipsis tienen un significado.
- Esto concluye los escritos de Juan de la primera parte de Apocalipsis, en la que describe las cosas que ha visto. En la siguiente lección comenzaremos la parte 2 del bosquejo de Dios para Apocalipsis, en la que Juan describe *"las cosas que son"*.

¿Cuánto recuerda?

1. ¿Qué significa la palabra *"Apocalipsis"*?
2. ¿Cuál es la cadena de comunicación en la entrega del Apocalipsis?
3. ¿Cuáles son tres bienaventuranzas del Apocalipsis?
4. ¿Cuál es el tema del libro de Apocalipsis que también aparece a lo largo de toda la Biblia?
5. ¿Cómo se presenta nuestro Señor siempre cuando viene y aparece?
6. ¿Cómo es posible que la venida de Cristo sea secreta *y* abierta?
7. ¿Qué simbolizan los siete candeleros?
8. Describa la visión que Juan tiene del Señor Jesús según los versículos 10-16.
9. Explique lo que significa cuando leemos que Cristo tiene las llaves del infierno y de la muerte.
10. ¿Cuál es la estructura o bosquejo de Apocalipsis, dado por Dios en el versículo 19?

Su tarea para la próxima semana

1. Lea Apocalipsis 2 y 3.
2. Repase sus notas de esta lección.
3. Subraye y marque su Biblia.

Notas de la Lección 2

Lección 3

REPASO DE APOCALIPSIS 2-3

1. *"Escribe en un libro lo que ves, y envíalo a las siete iglesias que están en Asia"* (Apocalipsis 1:11).
   - Apocalipsis 2 y 3 despliega estas siete iglesias.
   - Las siete iglesias representadas en estos capítulos son iglesias de verdad.
   - Entenderemos algunos de los significados de las siete iglesias a medida que avancemos por esta lección.
2. *"El que tiene las siete estrellas en su diestra, el que anda en medio de los siete candeleros de oro, dice esto"* (Apocalipsis 2:1).
   - Los ángeles de las siete iglesias son mensajeros: aquellos a quienes se le ha confiado la comunicación.
   - Un mensajero es llamado "una estrella" porque es un iluminador.
   - Los siete candeleros son las siete iglesias, como leemos en Apocalipsis 1:20.
3. El significado simbólico de las siete iglesias de Asia.
   - Las siete iglesias también representan a todas las iglesias de Cristo a lo largo de la historia pasada, presente y futura. Sabemos que esto es cierto por cinco razones:
     a. El número 7
        - Así como hay unas Escrituras sagradas, un libro sagrado y una Persona sagrada, también hay una aritmética divina.
        - Como estas siete iglesias tienen características espirituales que Cristo encuentra en sus iglesias a lo largo de los siglos, estas siete son escogidas de entre una multitud de iglesias en Asia.
        - Al hablar a estas siete iglesias, Cristo estaba hablando a todas las iglesias.
     b. Urgencia e inmediatez
        - La segunda razón por la que estas iglesias representan a todas las iglesias de Cristo es por la urgencia e inmediatez con la que estas cartas se componen y distribuyen.
        - Cada vez que las cartas se dirigen a una iglesia, están basadas en la autentificación del Señor Dios mismo.
        - Por ejemplo, a la iglesia en Éfeso: *"Dice esto…"* (2:1) viene después haber dicho algún atributo del Señor.
        - Notemos las siete introducciones.
     c. Las conclusiones
        - La tercera razón es las conclusiones de las cartas, todas parecidas: *"El que tiene oído, oiga lo que el Espíritu dice a las iglesias"* (Apocalipsis 2:7, 11, 17, 29; 3:6, 13, 22).
     d. Misterios
        - A las siete iglesias y a los siete pastores se les llama misterios.
        - Por lo tanto, hay algo misterioso que Cristo va a revelar sobre ellos.
     e. El libro de profecía
        - Hay algo importante en las cartas a estas siete iglesias porque los mensajes se encuentran en este libro de profecía.
        - Justo aquí, en el corazón de esta profecía, estos capítulos están dedicados a las siete iglesias de Asia.

4. Los siete periodos en la historia de la iglesia, comparados con las siete iglesias.

- Las siete iglesias proveen toda la historia de la iglesia a lo largo de los siglos. Son una visión panorámica de la historia de las iglesias. Las siete iglesias representan periodos históricos en la historia del pueblo de Cristo.

  a. El periodo efesio
     - Un periodo que fue testigo del enfriamiento del amor y la devoción, como la iglesia al final de los días de los apóstoles.
     - Había un declive y una disminución, una disipación del primer amor.

  b. El periodo esmírneo
     - A la iglesia en Esmirna, Cristo no le da palabras de condenación.
     - Es la única de las siete cartas que está totalmente compuesta de elogio y ánimo.
     - Esta es la iglesia del martirio y las catacumbas.

  c. El periodo pergameno
     - Cristo dice, en efecto: "Ahora estás sentado donde está el trono de Satanás" (véase Apocalipsis 2:13). En otras palabras, la iglesia está casada con el mundo.
     - En la historia, Constantino llevó a cabo la ceremonia.
     - La iglesia en Pérgamo fue introducida a la doctrina de los nicolaítas, que es la exaltación del clero.

  d. El periodo de Tiatira
     - En el desarrollo del cristianismo, esta es la rebelión de la iglesia.
     - Este es el área de la mujer escarlata.
     - Es la iglesia cometiendo adulterio espiritual con las naciones de la tierra.
     - Es la iglesia papal, que negó la gracia por las obras.
     - Es la falsa enseñanza, echando fuera el amor y habitando el mal.

  e. El periodo sardiano
     - La iglesia sardiana es la iglesia de la gran reforma.
     - Hay *"unas pocas personas en Sardis que no han manchado sus vestiduras"* (3:4).
     - Este periodo sardiano en nuestra historia de la iglesia es conocido como la Reforma.

  f. El periodo filadelfio
     - La era de la puerta abierta.
     - Es el esfuerzo misionero extenso, porque el Señor dice: *"he puesto delante de ti una puerta abierta"* (3:8).

  g. El periodo laodiceo
     - Cuando la iglesia dice: *"Yo soy rico, y me he enriquecido, y de ninguna cosa tengo necesidad"* (3:17), el Señor responde: *"no sabes que tú eres un desventurado, miserable, pobre, ciego y desnudo"* (versículo 17).
     - La iglesia laodicea es la iglesia de la etapa final de apostasía.
     - Es el periodo de comodidad y complacencia, un periodo de *hacer* en lugar de *ser*, que marca nuestra era actual.

5. Coexistencia.

- Al mirar estas iglesias, el hecho de que todas ellas coexistan a lo largo de la historia, en cada era, país y denominación es algo asombroso. Hay iglesias efesias que se enfrían y pierden su primer amor, iglesias esmirnias que son oprimidas y sus fieles son martirizados, iglesias laodiceas en las que las personas no podrían preocuparse menos por el evangelio y solo piensan en sus propias necesidades sociales.

- Las siete iglesias también coexisten dentro de casi cada iglesia. Por ejemplo, en prácticamente todas las iglesias encontramos miembros efesios lánguidos, miembros esmirnios que dan su devoción con pena y lágrimas, miembros laodiceos que prefieren los asuntos sociales más que la difícil obra de Dios, y así sucesivamente.
- El mensaje ardiente que Jesús tenía para nosotros hoy se puede encontrar en Apocalipsis 2:29. Busque este versículo.

____

____

____

6. Las siete partes de las siete cartas
   - Las siete cartas a las siete iglesias de Asia están diseñadas de modo similar. Todas siguen un patrón distintivo. Este es el formato para cada una de las cartas:

   a. El saludo
      - Esto nos dice a quién es enviada esta carta, tal como: *"Y escribe al ángel de la iglesia de Éfeso... de Esmirna... de Pérgamo...,"* etc. Las siete cartas comienzan con estas palabras idénticas.

   b. Atributos del Señor Jesús
      - La segunda parte presenta una descripción del Señor.
      - Todos estos atributos se encuentran en la visión que Juan tuvo del Señor Jesús en Apocalipsis 1.
      - Un ejemplo sería: *"El que tiene las siete estrellas en su diestra... dice esto"* (2:1): el mismo atributo que se encuentra en Apocalipsis 1:16.
      - En la segunda iglesia, Esmirna, encontramos las palabras: *"El primero y el postrero, el que estuvo muerto y vivió, dice esto"* (2:8). Esto se encuentra en Apocalipsis 1:17-18.

   c. Obras de la iglesia
      - Las siete cartas tienen una afirmación con respecto a las obras de la iglesia.
      - En cada una, Cristo dice: *"Yo conozco tus obras..."*.

   d. Lo que Cristo ve
      - La cuarta parte de cada carta contiene la caracterización de Cristo de cada iglesia y lo que los ve haciendo.
      - Él describe lo que son y lo que no están haciendo.
      - Les alaba en algunos casos, y les condena en otros.

   e. La segunda venida
      - La quinta parte de cada carta siempre hace una referencia a la segunda venida de Cristo.
      - Describe cómo aparecerá su venida a cada iglesia.

   f. Amonestación universal
      - La sexta parte de cada carta es una amonestación universal a escuchar.
      - *"El que tiene oído, oiga lo que el Espíritu dice a las iglesias"*.

   g. Una promesa final
      - La séptima parte de cada carta es una promesa final.

- Por ejemplo, en la primera iglesia, Éfeso, leemos: *"Al que venciere, le daré a comer del árbol de la vida"* (2:7), etc.
- En las últimas cuatro cartas, la sexta y la séptima parte están intercambiadas. La promesa aparece como la sexta parte y la amonestación como la séptima. No sabemos por qué, pero lo particular a recordar es que todas las cartas tienen las mismas siete características y siguen el mismo patrón. El área de recompensas para las siete iglesias es una lección completa en sí misma, pero intentaré solo añadirlas brevemente mientras vemos las siete iglesias en las lecciones sucesivas.

¿Cuánto recuerda?

1. La segunda sección en la estructura del libro de Apocalipsis incluye los capítulos 2 y 3. ¿De qué hablan estos capítulos?
2. ¿Qué representan las siete iglesias y cuáles son las cinco razones que demuestran esto?
3. Vuelva atrás si es necesario y escriba los siete periodos de la historia de la iglesia.

   ______________________, ______________________, ______________________,
   ______________________, ______________________, ______________________,
   ______________________.

4. ¿Cuántas partes componen cada carta a las siete iglesias?
5. ¿Cuáles son las partes de cada carta y qué diferencias se pueden encontrar en las cuatro últimas cartas?

Su tarea para la próxima semana:

1. Vuelva a leer el capítulo 2 de Apocalipsis. Busque el bosquejo de cada carta según se presenta en esta lección.
2. Repase sus notas de esta lección.
3. Subraye su Biblia.

Notas de la Lección 3

Lección 4
APOCALIPSIS 2

La carta a la iglesia en Éfeso (Apocalipsis 2:1-7)

1. La ciudad de Éfeso
   - Éfeso era, en ese tiempo, una gran ciudad con un puerto excelente. Era un mercado para toda Asia.
   - Éfeso era una ciudad religiosa importante.
   - El templo de Diana, Artemisa, como la llamaban los griegos, estaba considerado como una de las siete maravillas del mundo antiguo.
   - El banco central de esa vasta metrópolis estaba en una caja fuerte en el templo de Diana.
   - La diosa Diana era la patrona de todas las prostitutas. Su imagen estaba por todas partes.
   - Recordará la historia de Hechos 19:23-41, en la que los plateros de la ciudad de Éfeso habían hecho estatuillas de Diana.
   - La magia negra también se practicaba abiertamente en Éfeso.
   - Pablo se reunió con estos ocultistas y guió a algunos a Cristo.
   - La iglesia cristiana en Éfeso estaba tremendamente bien enseñada, ya que habían tenido como pastores a Pablo, después a Apolos, luego Timoteo y después a Juan.
2. La carta
   a. El saludo
      - "Escribe al ángel de la iglesia en Efeso..."

   b. Atributos del Señor Jesús
      - Cristo se describe aquí como *"El que tiene las siete estrellas* [mensajeros] *en su diestra"* (2:1). Cada mensajero de la iglesia estaba protegido y rendía cuentas por exponer fielmente el mensaje de Dios.

   c. Obras de la iglesia
      - En las palabras de halago sobre la iglesia en Éfeso, encontraremos siete cosas que el Señor Jesús tenía que decir sobre la iglesia:
        1.) Primero: *"Yo conozco tus obras"* (2:2).
            - Era una iglesia activa y vigorosa. Estaban en actividad para el Señor.
            - Era una iglesia que trabajaba y era una iglesia que dejó una buena impresión sobre toda la ciudad.

        2.) Segundo, el Señor les halagó por *"tu arduo trabajo"* (2:2).
            - Esto significaba que trabajaban, que se esforzaban.
            - La tarea no era algo fortuito para ellos. No solo trabajaban para Dios, sino que su trabajo tenía un costo. Ellos pagaban un precio por su fe.
            - A muchos les gusta comer los racimos de las viñas, pero a pocos les gusta trabajar en el cultivo de esa viña. La gente en Éfeso estaba derramando su vida, su alma y su corazón en esa iglesia, y estaban activos para Dios.

        3.) Una tercera cosa por la que el Señor halaga a esta iglesia es por su *"paciencia"* (2:2).
            - Esto significa que tenían una actitud triunfante.

- Por mucho que golpearan, desanimaran o persiguieran a los cristianos efesios, ellos no se rendían.

4.) Una cuarta cosa que el Señor Jesús dice sobre Éfeso es *"y que no puedes soportar a los malos"* (2:2).

- Cristo destacó que eran sensibles a la presencia de la maldad. No se habían acostumbrado a ella de tal forma que ya no la sentían.

5.) La quinta cosa por la que Cristo halaga a esta iglesia es esta: *"y has probado a los que se dicen ser apóstoles, y no lo son, y los has hallado mentirosos"* (2:2).

- Doctrinalmente, los creyentes en Éfeso eran muy competentes en su postura en contra de la falsa enseñanza. Esto es evidente por su expulsión de los falsos profetas.
- Había algunos que habían llegado allí afirmando ser apóstoles de Jesucristo, pero las personas en Éfeso los probaron y los hallaron mentirosos.
- En la iglesia en Éfeso, cuando un hombre demostraba que dudaba siempre y cuestionaba la fe, no podían soportarlo.

6.) La sexta cosa por la que halaga a esta iglesia es *"y has sufrido"* (2:3).

- ¿Observa las cosas que no pueden soportar? No pueden soportar el mal y no pueden soportar la falsa doctrina y las dudas, pero *pueden* soportar el trabajo, el sacrificio y la persecución.

7.) La séptima cosa por la que Él halaga a la iglesia es esta: *"y has tenido paciencia, y has trabajado arduamente por amor de mi nombre, y no has desmayado"* (2:3).

- En otras palabras, son personas que permanecen a cualquier costo. No desmayan y no fallan.
- El corazón del verdadero cristiano es este: que él o ella está dispuesto, en las manos de Dios, a ser un siervo de Dios, como Dios escoja. Y no desmaya.

d. Alabanza y amonestación

- Tras nombrar los siete atributos de la iglesia en Éfeso, tiene alguna queja de ellos, la cual aparece en el versículo 2:4. Busque esta crítica a la iglesia en Éfeso:

____

____

____

- Al margen de todo lo bueno que Cristo tenía que decir sobre la iglesia en Éfeso, ellos habían *"dejado* [su] *primer amor"*.
- Podemos ver ejemplos de esto en la iglesia y en las personas de la actualidad. El antiguo gozo y alegría abundantes de ser cristiano parecen desvanecerse, y el servicio al Señor se convierte en algo mecánico, ritualista y rutinario.
- El Señor habla a su iglesia, diciendo: *"Recuerda, por tanto, de dónde has caído, y arrepiéntete, y haz las primeras obras"* (2:5).
- Estas personas tienen que recordar y arrepentirse. Se olvidan de cuántas veces el Señor les ha ayudado, y cómo Cristo ha suplido todas sus necesidades en sus vidas. Por eso Cristo dice a los efesios: *"Recuerda…"*. Después les insta a *"arrepentirse"* de sus tareas cristianas desprovistas de amor y a dejar la rutina de las obras y regresar en cambio al amor por Él que originalmente tenían cuando caminaban por primera vez en el asombro y la emoción de su salvación.

e. Segunda venida

- Notemos que Cristo menciona su venida cuando dice: *"pues si no, vendré pronto a ti"* (2:5).

f. Amonestación universal

- Cristo amonesta a la iglesia diciendo: *"El que tiene oído, oiga lo que el Espíritu dice a las iglesias"* (2:7).
- Esta es una amonestación universal escrita a cada una de las siete iglesias.

g. Promesa final

- Cristo concluye sus palabras a la iglesia en Éfeso cuando dice: *"Al que venciere, le daré a comer del árbol de la vida, el cual está en medio del paraíso de Dios"* (2:7).
- Esta es la promesa del Señor a la iglesia de Éfeso y a nosotros.
- Al que escuche y venza, Jesús le promete que comerá del árbol de la vida en el paraíso eterno de Dios.
- Un vencedor es aquel que cree en Jesús como el Hijo de Dios y lo ha recibido como Salvador y Señor (véase 1 Juan 5:4-5).
- El árbol de la vida vuelve a aparecer en el capítulo 21 de Apocalipsis.

La iglesia efesia es un cuadro profético de la iglesia apostólica. Al igual que la iglesia de Éfeso, las características dominantes e históricas de la iglesia apostólica eran una conducta y trabajo correctos para el Señor. A medida que su amor por Cristo comenzó a declinar, empezaron a servir cada vez más por un sentido de obligación. Maquillaban con el *hacer* lo que les faltaba del *ser*.

La carta a la iglesia en Esmirna (Apocalipsis 2:8-11)

1. La ciudad de Esmirna

- Esmirna era la gran ciudad portuaria que debía su nombre a la fragancia y el perfume de la mirra.
- Mirra, o Esmirna, es un tipo de sufrimiento. La mirra se usaba para embalsamar a los muertos y tipifica el sufrimiento de nuestro Señor por nuestros pecados.
- El nombre de esta ciudad, y la iglesia en esa ciudad, trae a la mente tribulación y persecución. Esta es la iglesia de gran prueba y tribulación.
- La ciudad de Esmirna es una de las ciudades antiguas verdaderamente grandiosas del mundo. Hasta donde se remonta la historia, había una ciudad localizada en Esmirna.
- Hoy día es, con diferencia, la metrópolis más grande de Asia Menor. Tiene una población de más de cuatro millones de personas y se le conoce actualmente como Izmir, la palabra turca para Esmirna.
- Incluso en la actualidad, la mayoría de las siete localizaciones de estas iglesias son solo ruinas, pero Esmirna, o Izmir, permanece como una de las principales ciudades de esa parte del mundo.
- Esmirna era una de las ciudades más orgullosas de toda Asia. Estaba orgullosa de ser la ciudad más hermosa, y en especial, de ser el centro de la adoración al César en la parte oriental del Imperio Romano.
- Para la ciudad de Esmirna, las cosas mundanas eran "[lo] *primero y* [lo] *postrero*" (2:8). Dios no era el supremo. Para Esmirna, lo primero y lo postrero era la gloria de la cultura griega y la magnificencia de su bella ciudad.
- La vida del pueblo de Esmirna estaba organizada en torno a programas culturales y concursos atléticos que se celebraban en el gran anfiteatro que albergaba a veinte mil personas (menor que el de Éfeso). También celebraran días de festivales y adoraban en hermosos templos.

2. La iglesia de Esmirna

- La iglesia en Esmirna era diferente a la ciudad de Esmirna.

- La iglesia en Esmirna sufría tribulación y persecución. Hay tres razones por las que esta amarga persecución era la suerte diaria en la vida de la pobre y humilde iglesia.
  a. Primero, la iglesia cristiana allí estaba en el lugar de una muestra continua y espectacular de paganismo.
    - La pequeña iglesia era escasa comparada con los maravillosos templos griegos.
    - Si la gente hubiera estado dispuesta a tomar a su Salvador y ponerlo junto a Apolo, Afrodita, Hermes y cualquier otro de los miles de dioses paganos, ellos les hubieran recibido con toda alegría, pero eso era algo que los cristianos no harían.
    - Recordemos que la vida económica y social de las ciudades griegas estaba organizada alrededor de grupos. Cada hombre que trabajaba pertenecía a algún tipo de gremio, al que podríamos llamar una organización o sindicato, y cada gremio tenía cierto dios o diosa, patrón o patrona. Se apartaban días de festivales y adoración para estos gremios. Cuando los cristianos rehusaban participar de esta actividad, de inmediato los marcaban para la retribución.
    - El cristiano en Esmirna estaba particularmente solo, y su fe lo apartaba del trabajo que le ayudaba a existir y a proveer un salario para su familia. Su fe en Cristo lo apartaba como un ser extraño y peculiar. En Esmirna, era terriblemente diferente ser cristiano.
  b. En segundo lugar estaba el hecho de que Esmirna era el gran centro de adoración al César.
    - Esta es una de las claves para entender el libro de Apocalipsis. El trasfondo de todo el Apocalipsis se contrapone al culto de la adoración al emperador.
    - El Imperio Romano abarcaba el mundo civilizado conocido en el tiempo de los escritos de Juan. Lo que unía al Imperio Romano era el espíritu romano, y ese espíritu es lo que hizo el Imperio Romano.
  c. Tercero, era la mano pesada sobre el cristiano por parte del estado.
    - Ser cristiano en cualquier lugar del imperio era tomar la vida de uno en sus propias manos, pero esto era especialmente cierto en la ciudad de Esmirna.

3. La carta a la iglesia en Esmirna
  a. Saludo
    - Busque el saludo a la iglesia en Esmirna, que se encuentra en la primera mitad de Apocalipsis 2:8:

____

  b. Atributos del Señor Jesús
    - Busque el atributo de Jesús que se da después del saludo, en la segunda mitad de Apocalipsis 2:8:

____

  c. Obras de la iglesia
    1.) *"Yo conozco tus obras"* (2:9).
      - Esto contiene la idea de presión que fuerza a la sangre, o la presión de la persecución y dolor, e incluso la muerte.
    2.) *"y tu pobreza (pero tú eres rico)"* (2:9).
      - Esa palabra, *"pobreza"*, realmente significa "profunda destitución". Los cristianos en Esmirna eran desahuciados a pesar de vivir en una de las ciudades más ricas de todo el Imperio Romano.

- Eran más pobres debido a que estaban privados de su derecho a trabajar porque servían al Señor Jesús y no se postraban a la adoración romana.
- Por lo tanto, eran severamente perseguidos y vivían en una profunda pobreza. No tenían trabajo porque no se unían a ningún gremio. No tenían hogares; tenían que mendigar el pan y estaban completamente desahuciados.

3.) *"y la blasfemia de los que se dicen ser judíos, y no lo son, sino sinagoga de Satanás"* (2:9).

- Aquí, la palabra *"blasfemia"* significa calumnia. Había falsos judíos en Esmirna que calumniaban a los cristianos.
- Uno de los martirios más famosos de toda la historia sucedió en esta ciudad. El pastor y líder de los cristianos en esta ciudad era Policarpo. Él fue llevado ante el gobernador de Roma y se le dio la opción de profesar a César o a Jesús como Señor. La respuesta de Policarpo al gobernador fue sencilla: "Ochenta y seis años le he servido, y Él nunca me ha hecho mal; ¿cómo podría entonces blasfemar contra mi Rey y Salvador?". Mientras era quemado, Policarpo oró: "Te doy gracias por haberme considerado digno de este día y de esta hora, para ser contado como uno de tus mártires".

d. Alabanza y amonestación

- Leamos las palabras de ánimo a la iglesia en Esmirna en el versículo 10: *"No temas en nada lo que vas a padecer. He aquí, el diablo echará a algunos de vosotros en la cárcel, para que seáis probados, y tendréis tribulación por diez días. Sé fiel hasta la muerte, y yo te daré la corona de la vida"*.
- Así que el Señor sabe acerca de la tribulación, las obras y la pobreza de esas personas, y les asegura algo mejor porque Él, Cristo, lo ha experimentado todo. Así, Él dice: *"Yo conozco"*.
- El Señor dice firmemente: *"No temas en nada lo que vas a padecer… y tendréis tribulación por diez días"*. Algunos interpretan estos diez días como las diez eras proféticas de persecución bajo diez césares; y podría ser, pero creo que el Señor simplemente quiere decir esto: el número diez es un número intensivo. Cuarenta es cuatro intensificado. Setenta es siete intensificado. La palabra *"diez"* se refiere a una persecución feroz e intensa, como las diez plagas de la tierra de Egipto.
- Su actitud debía ser: *"no temas en nada lo que vas a padecer"* y en su lugar, debían ser *"fiel hasta la muerte"*. Entonces recibirían *"la corona de la vida"*. Esta es la recompensa para los cristianos que sufren o son martirizados. Esos diez días en realidad coinciden en la historia con la persecución de diez césares, y comienzan con Nerón en el 64 d. C. y terminan con Diocleciano en el 312.

e. Amonestación universal

- Busque la amonestación a oír en la primera parte de Apocalipsis 2:11.

____

____

____

f. Promesa final

- Busque la promesa final dada en la segunda parte de Apocalipsis 2:11.

____

____

____

La carta a la iglesia en Pérgamo (Apocalipsis 2:12-17)

Pérgamo es la iglesia que se conforma al sistema del mundo. Fue una carta enviada al ángel, mensajero o pastor de la iglesia en Pérgamo.

1. La ciudad de Pérgamo
   - Pérgamo era una mezcla de poder político, adoración pagana y sofisticación académica.
   - Fue en un tiempo la capital de Asia Menor y los oficiales del rey la llenaron de palacios y templos hermosos.
   - Era uno de los centros influyentes de aprendizaje, con una gran universidad y una biblioteca de más de doscientos mil libros, la más grande después de la biblioteca de Alejandría en Egipto.
   - El dios de Pérgamo era el dios de la sanidad, y su emblema era una serpiente. Pérgamo se convirtió en una gran ciudad para la sanidad.
   - En los atrios del templo, las serpientes reptaban por el suelo mientras los afligidos llegaban desde los confines de la tierra para dormir en el santuario. Creían que la sanidad era posible en la presencia de su dios de sanidad, si el enfermo era tocado por una de esas serpientes.
   - Mucho de lo que los habitantes de Pérgamo llamaban medicina, nosotros lo podríamos llamar superstición sin adulterar.
   - La ciudad de Pérgamo era un santuario famoso y atraía a los enfermos de todas las partes del imperio.
   - De esta ciudad, y de este trasfondo de sanidad de las serpientes, llegó el caduceo, el símbolo médico de dos serpientes enroscadas en un pequeño palo.
2. La carta
   a. El saludo
      - *"Y escribe al ángel de la iglesia en Pérgamo..."* (2:12).

   b. Atributos de Jesús
      - La descripción de Cristo se nos da como teniendo *"la espada aguda de dos filos"* (2:12), similar a los atributos mencionados en Apocalipsis 1:16.
      - Observemos la diferencia cuando Cristo se dirige a la iglesia de Pérgamo. Aquí es un Dios de amor y misericordia, pero Él es también el Dios de justicia, rectitud y juicio. A esta iglesia le dice: *"Y también tienes a los que retienen la doctrina de los nicolaítas, la que yo aborrezco"*.

   c. Obras de la iglesia
      - Busque donde Jesús habla de las obras de la iglesia en Pérgamo en Apocalipsis 2:13:

      ____

      ____

      ____

      ____

      ____

      - El Señor elogia a estos santos por continuar proclamándolo valientemente como el único Señor, incluso en medio de un gran peligro y oposición.
      - Muchos cristianos murieron por su fe, pero Jesús destaca a uno: Antipas. Lo llama *"mi testigo fiel"* (2:13). Fue un hombre desconocido en la historia que estaba totalmente comprometido con Cristo; sin embargo, es el que recordamos cuando pensamos en la antigua Pérgamo. Se cree que Antipas fue el primer mártir al que dio muerte el Imperio Romano. Nunca fue mencionado después ni fue mencionado antes.

- Notemos: *"Yo conozco tus obras, y dónde moras, donde está el trono de Satanás"*. Aquí, el Señor les está diciendo: "Yo sé dónde estás y conozco tus circunstancias, e incluso aunque estás en medio de condiciones satánicas, sé que estás ahí".

d. Alabanza y amonestación

1.) El Señor elogia a la iglesia por estas cosas:

- Elogia a la iglesia por ser fiel en el versículo 13: *"pero retienes mi nombre"*. La iglesia defendía el nombre de Cristo, incluso en medio del peligro y la oposición.
- El Señor elogia a la iglesia cuando dice *"y no has negado mi fe"*.

2.) El Señor tiene estas cosas contra la iglesia:

- El Señor tenía esta queja contra la iglesia allí: *"que tienes ahí a los que retienen la doctrina de Balaam, que enseñaba a Balac a poner tropiezo ante los hijos de Israel, a comer de cosas sacrificadas a los ídolos, y a cometer fornicación"* (2:14).
- La doctrina de Balaam es la enseñanza y el consejo de un carácter astuto y retorcido. Él no pudo maldecir a Israel. Dios no se lo permitió, como leemos en Números 31:15-16, pero hizo algo peor para corromper al pueblo de Dios, y fue introducir entre ellos a mujeres moabitas. Las mujeres moabitas corrompieron a Israel, algo que Balaam mismo no pudo hacer.
- El Señor habló a la iglesia en Pérgamo y le dijo que tuviera cuidado, porque mediante esta actividad sensual, la doctrina de Balaam pondría una piedra de tropiezo delante de ellos, como Balaam hizo ante los hijos de Israel.
- El Señor también se refiere a *"cosas sacrificadas a los ídolos"*. Cuando el antiguo adorador hacía un sacrificio a un ídolo, como Zeus, el animal no era quemado. Solo parte de su pelo se echaba en el fuego. El sacerdote y el adorador después dividían la carne del animal sacrificado. Si estos falsos maestros hubieran tenido éxito en convencer a los cristianos que era apropiado comer no solo la carne ofrecida a ídolos falsos, sino también el pan santo de la cena del Señor, el cristianismo se habría anegado y habría muerto en los mares del paganismo. Los verdaderos cristianos en Pérgamo dijeron: "Yo no beberé ni comeré".
- *"Y también tienes a los que retienen la doctrina de los nicolaítas, la que yo aborrezco"*. ¿Cuál es esta enseñanza de los nicolaítas? Hay dos áreas en esta doctrina:

a.) El nombre

- La palabra *"nicolaítas"* está compuesta por dos palabras griegas simples: *nike*, que significa victoria, y *laity*, que está derivada de la palabra griega *laos*, que significa gente. Juntas, esta palabra se refiere a un grupo o clase de personas que se exaltan por encima de otros.

b.) El periodo pergameno de la iglesia

- Esta es la iglesia de la clase dirigente. Es el día en el que la iglesia se casa con el mundo.
- Busquemos el nombre *Pérgamo*. *Per* se refiere a algo objetable, y *gamos* es la palabra para matrimonio. Esta palabra *gamos* también ayuda a formar las palabras *poligamia* o *bigamia*.
- El periodo pergameno de la iglesia es el periodo del matrimonio del mundo con la iglesia. Pero es un matrimonio pervertido y, por lo tanto, tenemos Pérgamo.

- Pongamos todos estos significados juntos y tendremos una buena idea de lo que se trata la doctrina de los nicolaítas. *Nico-laos*, los vencedores, los victoriosos, los subyugadores del pueblo; *Pérgamo*, el periodo pergameno de la iglesia cuando se exaltó y se casó con el Imperio Romano.
- La doctrina es esta: el levantamiento de una clase de gente, apartada y exaltada sobre una gran masa del pueblo de Dios. Esta clase les otorgaba poder sobre la gente: el poder de la vida y la muerte, el poder de perdonar pecados, el poder de excomulgar, y el poder de condenar a otros al infierno. Solamente ellos tenían el poder de interpretar y mediar en la Palabra y la voluntad de Dios. Su doctrina es la subyugación del pueblo. Sus líderes entran en las parcelas política, militar y gubernamental del mundo. Lo que se había convertido en una semilla esporádica de pensamiento en Éfeso, se ha vuelto ahora una doctrina fuerte y dinámica.
- La doctrina de los nicolaítas es la doctrina de la salvación sacramental. Según esta doctrina, uno se convierte no por el poder del Espíritu de Dios, sino por el sacramento de bautizar a un bebé para hacerlo miembro de una iglesia.

e. Segunda venida
  - *"arrepiéntete; pues si no, vendré a ti pronto, y pelearé contra ellos con la espada de mi boca* [la Palabra de Dios]" (2:16).
  - Este mensaje sigue siendo cierto hoy, y la iglesia necesita arrepentirse y regresar rápidamente a la Palabra de Dios.

f. Amonestación a oír
  - *"El que tiene oído, oiga"* (2:17).

g. Promesa final
  - *"Al que venciere, daré a comer del maná escondido, y le daré una piedrecita blanca, y en la piedrecita escrito un nombre nuevo, el cual ninguno conoce sino aquel que lo recibe"* (2:17).
  - El maná fue una de las cosas que se introdujeron en el arca del pacto, y era una de las cosas que Dios proveyó para los hijos de Israel. Cuando el maná caía del cielo, se recogía, se ponía en un recipiente de oro y se ponía en el arca delante del Señor, escondida tras el velo. Por eso el Señor dice: *"daré a comer del maná escondido"*.
  - Hay muchas interpretaciones extrañas en cuanto al significado de la piedrecita blanca que aparece en esta promesa final. Algunos dicen que es una bolita blanca, que se usaba cuando alguien no quería votar contra otra persona (si se quiere votar en contra de alguien, se usa una bola negra). Otros piensan que esta piedra blanca se refiere a esos pequeños colgantes con nombres místicos en ellos, que se llevan para mantener a la gente segura y libre de enfermedad y muerte. Yo creo que *"una piedrecita blanca"* significa una gema bonita, cristalina: un diamante. El urim de la coraza del sacerdote era un diamante, y los que querían conocer a Dios la miraban, ya que en ella estaba escrito el nombre místico de Dios.

La carta a la iglesia en Tiatira (Apocalipsis 2:18-29)

1. Trasfondo

- Los frutos del mal se cosechan ahora, como veremos en la iglesia de Tiatira.
- En Éfeso, los creyentes perdieron su primer amor y se ocuparon de otras cosas.
- En Esmirna, la doctrina de la gracia verdadera se había diluido con legalismo hasta que la sinagoga de Satanás se estaba abriendo paso en medio de la iglesia.

- En Pérgamo, hemos visto a la iglesia casarse con el mundo y las doctrinas de Balam. Los nicolaítas se exaltaron, y los bajos niveles de conducta se volvieron comunes.
- La siguiente iglesia es la iglesia papal. Según la estudiamos, veremos muchos cambios produciéndose en esta iglesia en particular.
- El tema central de esta carta es el juicio de Dios sobre Jezabel. Ella llama a sus obras "las profundidades de Dios", pero Dios las llama "las profundidades de Satanás".

2. La carta
   a. El saludo
      - *"Y escribe al ángel de la iglesia en Tiatira"* (2:18).

   b. Atributos de nuestro Señor Jesús
      - Notemos que el Señor se presenta a sí mismo como *"el Hijo de Dios"* (2:18). Usa este fuerte lenguaje por una profetisa que se llama a sí misma Jezabel, y que niega la Palabra de Dios y proclama que ella es infalible; por tanto, el Señor dice: "Yo soy el Hijo de Dios".
      - Después Él añade: *"el que tiene ojos como llama de fuego, y pies semejantes al bronce bruñido"* (2:18).
      - Sus ojos pueden penetrar en los lugares más profundos del corazón. Él viene como un juez y camina entre la iglesia en Tiatira.
      - La frase *"y pies semejantes al bronce bruñido"* es una frase de juicio. Indica la fiereza y la ira de Dios.

   c. Obras de la iglesia
      - Busque las obras de esta iglesia en el versículo 19 de este capítulo:

____

____

____

      - Una abundancia de obras son la placa y credencial de un creyente.
      - Las obras siempre siguen a la fe, y no al revés. Lo mismos sucede con la simiente; la simiente se ha de plantar primero, después crece un producto genuino. Así sucede con la fe; tenemos fe, específicamente una fe rendida en Cristo, y después se producen las obras.
      - *"tus obras postreras"* (2:19). Para esos pocos fieles que eran un remanente en la iglesia en Tiatira, las obras postreras eran más, habían aumentado en vez de disminuir en los que eran verdaderamente creyentes.

   d. Lo que Cristo ve
      - En el versículo 20 el Señor dice: *"Pero tengo unas pocas cosas contra ti"*, y después menciona la situación adúltera en Tiatira.
      - El Señor se refiere a esta mujer como Jezabel.
      - Su nombre nos lleva de vuelta a Israel. El rey Acab se casó con la hija del rey de Sidón, cuyo nombre era Jezabel (véase 1 Reyes 16:31). Cuando ella fue a vivir a la capital de Samaria, llevó consigo a sus dioses paganos y condujo a Israel a la idolatría. Después guió a Israel a sus peores días de apostasía.
      - Pero ¿quién es esta Jezabel de Tiatira que afirma ser profetisa? Algunos afirman que es la esposa del pastor de la iglesia de Tiatira. Otros piensan que era una profetisa en el famoso oráculo, llamado Sambate.

- Conocemos la identificación de Jezabel porque está clara. El libro es un libro de profecía y Dios habla aquí de un desarrollo en la iglesia en la era de la historia de su pueblo en Tiatira. La iglesia está siempre representada por una mujer, como "ella", y como la "novia de Cristo". Así que en este pasaje cuando vemos a una mujer, vemos una figura de la iglesia; y cuando esa mujer se llama Jezabel, de inmediato notamos que el Señor está hablando de una iglesia apóstata.
- Notemos en el versículo 21 que el Señor dice: *"Y le he dado tiempo para que se arrepienta, pero no quiere arrepentirse de su fornicación"*. Históricamente, le dio a esta iglesia unos mil años para arrepentirse, desde aproximadamente el 500 d. C. hasta el 1500.
- No hay en ningún lugar un registro de ninguna iglesia u organización que se haya reformado y arrepentido. Cualquier movimiento gigantesco por Cristo en el pasado ha surgido de personas llamadas por Dios que estaban en la iglesia, pero sacudieron el mundo sin una denominación que los respaldara. Hay un límite hasta el que la falsa doctrina y la falsa enseñanza pueden llegar, y así, Dios mismo cuidará de ello, como lo hace aquí en Tiatira.
- En los versículos 22-23 Él dice: *"He aquí, yo la arrojo en cama, y en gran tribulación a los que con ella adulteran, si no se arrepienten de las obras de ella. Y a sus hijos heriré de muerte"*. Este juicio se describe con detalle en Apocalipsis 17. Dios no consentirá para siempre a Jezabel y la seducción de su pueblo.
- *"y todas las iglesias sabrán que yo soy el que escudriña la mente y el corazón; y os daré a cada uno según vuestras obras"* (2:23). La palabra *"mente"* significa riñones o víscera. Notemos que el Señor no menciona nada sobre la cabeza, sino solo sobre las partes internas, el interior.

e. Segunda venida

- *"retenedlo hasta que yo venga"* (2:25).
- El Señor les está diciendo: "Esperen. No se rindan. No abandonen. No les daré más de lo que puedan soportar".
- La estrella de la mañana del versículo 28 es también el anuncio del amanecer. Si tenemos a Cristo, y permanecemos en Él, entonces hemos sido tomados con Él y apareceremos con Él cuando aparezca en gloria.

f. Amonestación universal

- *"El que tiene oído, oiga lo que el Espíritu dice a las iglesias"* (2:29). ¡Qué periodo, qué mensaje para nuestros días!
- Él va a tomar a la iglesia, el remanente, de nuestro mundo antes de su hora de tribulación.
- Por eso vino el Salvador, escogiendo y limpiando a la iglesia, y presentándola a sí mismo glorificada, sin mancha ni arruga. Este es el cumplimiento del gran misterio del matrimonio espiritual entre Cristo y la iglesia, tal como se describe en Efesios 5:22-32.

g. Promesa final

- Pero el Señor tiene una palabra de esperanza para Tiatira.
- En los versículos 24-25: *"No os impondré otra carga; pero lo que tenéis, retenedlo hasta que yo venga"*.
- Dios tiene una segunda recompensa para los fieles en el versículo 28: *"y le daré la estrella de la mañana"*. En Apocalipsis 22:16 el Señor se describe como *"la estrella resplandeciente de la mañana"*. Cuando Cristo nos da la estrella de la mañana, lo tenemos a Él.

¿Cuánto recuerda?

1. ¿Cuáles son las cuatro cartas que están incluidas en el capítulo 2 de Apocalipsis?
2. ¿Cuál fue la queja de Dios hacia la iglesia de Éfeso?
3. ¿Qué significa el nombre Esmirna, o Mirra? ¿Cómo se correlaciona este significado con los sucesos de la iglesia en Esmirna, y cuáles fueron tres razones de ello?
4. ¿Sobre qué dos doctrinas amonestan Dios a la gente de Pérgamo por exaltarlas?
5. ¿A quién o a qué se está refiriendo el Señor cuando habló de Jezabel en la carta a Tiatira? ¿Cuál es la identidad de Jezabel?
6. ¿Cuál es el significado de la estrella de la mañana escrita en la carta a Tiatira, en referencia a la segunda venida del Señor y su promesa al pueblo allí?

Su tarea para la próxima semana

1. Vuelva a leer Apocalipsis 3 y busque el bosquejo de cada carta según se presentó en la lección 3.
2. Repase sus notas de esta lección.
3. Subraye su Biblia.

Notas de la Lección 4

Lección 5

APOCALIPSIS 3

La carta a la iglesia en Sardis (Apocalipsis 3:1-6)

1. Una correlación con las parábolas
   - Hay una separación clara entre los mensajes declarados a las cuatro primeras iglesias en el capítulo 2 y estos mensajes que ahora siguen.
   - Todo el carácter de estas tres últimas cartas, es decir a las iglesias de Sardis, Filadelfia y Laodicea, difieren mucho de las cuatro primeras.
   - Esto se puede resaltar de una forma muy marcada comparándolo con las parábolas de Mateo 13.
   - Recordemos que el Señor había estado ocupado la mañana del sábado cuando declaró estas parábolas. Había sido criticado por los fariseos porque sus discípulos habían recogido grano el día de reposo, y Jesús aprovechó la ocasión para dar otro gran mensaje sobre las relaciones entre Él mismo y quienes estaban haciendo la voluntad del Padre. Las casas de la aldea se vaciaron y las multitudes lo seguían. Desde una barca proclamó estas grandes parábolas que profetizaban las características externas del cristianismo. Veremos cómo las cuatro primeras parábolas se corresponden con las cuatro primeras cartas a las iglesias de Asia.
   - Cuando el Señor terminó la parábola de la levadura (Tiatira), se levantó de su lugar en la barca y despidió a la multitud y se fue a una casa mientras sus discípulos lo seguían. Por lo tanto, se puede ver claramente que las cuatro primeras parábolas son las que podríamos llamar parábolas "externas". Las tres últimas se podrían llamar parábolas "internas".
     a. Éfeso había sido la iglesia del trigo sembrado en buena tierra, que da fruto, pero el primer amor se había perdido.
     b. Cuando llegamos a Esmirna, los espinos se habían arraigado, y dentro de los límites de la iglesia visible estaban aquellos a los que el Señor resucitado vio como la sinagoga de Satanás.
     c. Cuando llegamos a la situación de Pérgamo, la tercera parábola estaba viendo su cumplimiento: la semilla de mostaza, que el Señor no quiso que fuera otra cosa que una hierba que creció hasta convertirse en árbol. Las aves del cielo (las aves del diablo) vinieron para anidar en sus ramas.
     d. La cuarta es la parábola de una mujer que escondió levadura en una comida, como vimos reflejado por el carácter de Jezabel cuando estudiamos la iglesia en Tiatira.
     e. Finalmente, en la iglesia en Sardis, en la quinta parábola descubrimos que el tesoro está escondido en un campo. Cuando un hombre lo encuentra, lo esconde. Así ocurre con esta iglesia en Sardis, cuando leemos en Apocalipsis 3 que "tienes nombre de que vives, y estás muerto" (véase Apocalipsis 3:1).
2. La iglesia en Sardis
   - Sardis se puede describir como una iglesia que tenía forma, pero había perdido su corazón.
   - Cristo era de ellos en palabra, pero ignorado en obras; sus credos eran correctos y su conducta respetable, pero la vida espiritual ya no estaba.
   - Era un lugar en el que se practicaba el ritual, pero se habían olvidado de Cristo.
   - Sardis está solo a unos cincuenta kilómetros de Tiatira, y a unos noventa kilómetros al sudeste de Pérgamo.

3. La carta
   a. Saludo
      - *"Escribe al ángel de la iglesia en Sardis..."* (Apocalipsis 3:1).
   b. Atributos del Señor Jesús
      - Encontraremos al Señor presentándose como *"El que tiene los siete espíritus de Dios, y las siete estrellas"* (3:1).
      - Ya sabemos que los siete espíritus de Dios se refieren a la obra completa del Espíritu Santo. Aquí, Cristo reitera que el Señor Jesús desea controlar su iglesia mediante la obra eficaz del Espíritu Santo. Es el Espíritu total, como se describe en Isaías 11.
      - También tiene las siete estrellas en su mano: los siete mensajeros o pastores. Vemos que los tiene en su mano. Él siempre protege a quienes son fieles a la enseñanza y predicación de su Palabra, y aquí, los tiene en su mano.
   c. Obras de la iglesia
      - *"Yo conozco tus obras, que tienes nombre de que vives, y estás muerto. Sé vigilante, y afirma las otras cosas que están para morir; porque no he hallado tus obras perfectas delante de Dios"* (3:1-2).
   d. Lo que Cristo ve
      - En el versículo 3 dice *"Acuérdate, pues, de lo que has recibido y oído; y guárdalo, y arrepiéntete"*.
      - La manera de oír es siempre la misma, mediante la obra del Espíritu Santo.
      - En Romanos 10:17 leemos: *"Así que la fe es por el oír, y el oír, por la palabra de Dios"*.
      - Sardis había recibido la Palabra. Durante los días de Sardis, tenían todo el evangelio y habían de guardar las cosas que habían recibido y oído.
      - Hay solo unas pocas palabras de elogio en el versículo 4: *"Pero tienes unas pocas personas en Sardis que no han manchado sus vestiduras; y andarán conmigo en vestiduras blancas, porque son dignas"*.
      - Deberíamos notar el énfasis en los nombres en este pasaje en particular. La iglesia tenía un nombre de que vivía, pero estaba muerta. Había solo unos pocos nombres que no habían manchado sus vestiduras.
   e. Segunda venida
      - Hay un aviso aquí para quienes no velen. El Señor dice en el versículo 3: *"vendré sobre ti como ladrón, y no sabrás a qué hora vendré sobre ti"*.
      - Aquí, su venida se refiere a la segunda venida.
      - La primera fase de esta venida es como un novio, y la segunda fase es como un ladrón, para tomar la iglesia para sí mismo.
      - El corazón de este mensaje a Sardis es que los que confían en el hecho de que sus nombres están escritos en algún rollo o libro de la iglesia están muertos. Si rehúsan dejar esta vida espiritual muerta, y si rehúsan promover a Cristo por encima de la tradición de la iglesia, se han perdido la segunda venida del Señor como novio, pero permanecerán para su segunda venida como ladrón en la noche.
   f. Amonestación universal
      - Una vez más, el mensaje concluye con la palabra definitiva al individuo en el versículo 6: *"El que tiene oído, oiga lo que el Espíritu dice a las iglesias"*.
   g. Promesa final

- Ahora para ellos, los creyentes: "*andarán conmigo en vestiduras blancas, porque son dignas*" (3:4).
- A lo largo de las Escrituras, la justicia es sinónimo de este símbolo de vestiduras blancas.
- Notemos que al vencedor no se le borrará su nombre del libro de la vida, y Cristo confesará su nombre ante el Padre.
- Esta promesa no necesita comentario porque habla por sí sola. Es lo mismo que encontraremos en Lucas 12:8, que dice: "*Os digo que todo aquel que me confesare delante de los hombres, también el Hijo del Hombre le confesará delante de los ángeles de Dios*".

La carta a la iglesia en Filadelfia (Apocalipsis 3:7-13)

1. El periodo filadelfio
   - Se nos muestra el camino a otro periodo, el cual llamamos el periodo filadelfio, o la iglesia de la puerta abierta.
   - Así, desde Tiatira, cuando Satanás aparentemente tiene todo el control, hasta el mensaje en Sardis donde solo unos pocos se aferraron a la Palabra de Dios, vemos a continuación el mensaje a la iglesia en Filadelfia: la nueva era de predicar, enseñar y difundir la Palabra del Señor Jesús.
   - Filadelfia significa "amor fraternal". Filadelfia debía manifestar amor. Juan lo expresó en su epístola en 1 Juan 4:7-8, que dice: "*Amados, amémonos unos a otros; porque el amor es de Dios. Todo aquel que ama, es nacido de Dios, y conoce a Dios. El que no ama, no ha conocido a Dios; porque Dios es amor*".
   - La iglesia de tipo Filadelfia sigue estando presente en el mundo, y estará aquí hasta el rapto, pero no es la fuerza dominante en el cristianismo que se profesa hoy día.
2. La ciudad de Filadelfia
   - La ciudad de Filadelfia fue fundada en torno al 140 a. C. por el rey de Pérgamo, cuyo nombre era Filadelfo. La ciudad fue nombrada en su honor.
   - Filadelfia estaba situada donde confluían tres grandes países: las antiguas tierras de Misia, Lidia y Frigia.
   - Fue por este propósito que la ciudad se fundó en ese lugar en particular, para que se pudiera propagar el lenguaje griego, su cultura, su literatura y sus costumbres hacia todo el mundo.
   - Algo inusual que reflejaba lo que sabía la gente de Filadelfia está reflejado en Apocalipsis 3:12: "*y nunca más saldrá de allí*". ¿Qué significa esto? Filadelfia estaba situada ante un gran terreno volcánico y estaba sujeta a graves terremotos. Muchas veces, la ciudad quedaba devastada por los temblores de los terremotos. Cuando llegaban, la gente huía por temor, pero aquí Cristo habla de la seguridad perpetua y eterna que tenemos en Él, y, por lo tanto, usó el lenguaje común de esos días para enseñar una lección espiritual a estas personas, y a nosotros.
   - La ciudad de Filadelfia está ubicada a unos cuarenta y cinco kilómetros al sudeste de Sardis, e incluso en la actualidad es principalmente una ciudad cristiana.
3. La iglesia de Filadelfia
   - La iglesia en Filadelfia es la iglesia de la puerta abierta.
   - A lo largo de las Escrituras, el Señor refleja la historia y las situaciones geográficas cuando habla y enseña. Por ejemplo, una cosa que le dice el Señor a esta iglesia es: "*he aquí, he puesto delante de ti una puerta abierta*" (3:8).
   - El Señor solo tenía palabras de elogio para Esmirna, la iglesia mártir, y casi todo lo que tiene ahora son palabras de halago para esta iglesia misionera de Filadelfia
   - La iglesia filadelfia es la iglesia de nuestra era de conclusión. Es la iglesia de misioneros, evangelistas y sociedades bíblicas.

- Es la iglesia de la predicación mundial del evangelio del Hijo de Dios.
- Esta iglesia representa el movimiento misionero. También representa la iglesia avivada de su tiempo.
- La iglesia o periodo filadelfio se extiende hasta nuestros días presentes, y como Filadelfia significa "amor fraternal" y "la iglesia de la puerta abierta", sugiere que debemos comenzar con nuestro propio testimonio en las escaleras de nuestra propia iglesia y hogares, en nuestra acera y al otro lado de la calle, en la comunidad, en los estados y en todo el mundo.

4. La carta
   a. El saludo
      - *"Escribe al* ángel [mensajero o pastor] *de la iglesia en Filadelfia..."* (3:7).
   b. Atributos del Señor Jesús
      1.) *"Esto dice el Santo, el Verdadero, el que tiene la llave de David"* (3:7).
         - Aquí, el Señor se presenta como el que es santo. Él es el Santo porque fue concebido del Espíritu Santo y vivió una vida santa (véase Juan 10:36-37).
         - También se presenta como *"el Verdadero"*. En Juan 1:9 es llamado *"aquella luz verdadera, que alumbra a todo hombre, venía a este mundo"*. En Juan 14:6 Él dice: *"Yo soy el camino, y la verdad, y la vida"*. En Juan 15:1 Él dice: *"Yo soy la vid verdadera"*.
         - Así que vemos que Cristo es santo y que es verdadero en todos los aspectos.
      2.) Después dice: *"el que tiene la llave de David, el que abre y ninguno cierra, y cierra y ninguno abre"* (Apocalipsis 3:7).
         - Esto también lo podemos encontrar en Isaías 22:22. Busque este versículo para comparar:

____

____

____

____

         - En Isaías encontramos una caracterización de Eliaquim, el mayordomo del rey Ezequías. Este hombre de confianza recibió la llave del palacio. Nadie se acercaba al rey si no era a través de Eliaquim. Lo mismo sucede en Cristo. Hay una puerta abierta a Dios en nuestro Salvador, y ningún hombre puede cerrarla.
         - La puerta a la oración e intercesión está siempre abierta.
         - Cuando Jesús dice que Él posee la llave de David, es un recordatorio a los judíos en Filadelfia de que el pacto davídico, el cual prometía bendición eterna mediante el Hijo mayor de David, Cristo, se cumplirá en Jesús mismo.
   c. Obras de la iglesia
      1.) *"Yo conozco tus obras"* (3:8).
         - Las obras son siempre un resultado de la fe.
         - Las obras mencionadas aquí son en referencia a una puerta abierta.
         - Jesús dijo, con muchas palabras: "debido a tus obras, pondré delante de ti una puerta abierta".
         - Hemos visto esa puerta gradualmente cerrada en las últimas décadas, pero el Señor no permitirá que la puerta se cierre mientras estemos junto a Él y guardemos su Palabra.

2.) Leemos en el versículo 8: *"porque, aunque tienes poca fuerza, has guardado mi palabra, y no has negado mi nombre"*.

- Esto significa que no era una iglesia fuerte ni una iglesia influyente; sin embargo, aunque no son fuertes, el Señor prometió mantener esa puerta abierta porque aún tenían fe, guardaban su Palabra y no habían negado su nombre.
- La última parte del versículo 8 es significativa: *"y no has negado mi nombre"*. En otras palabras, péguese a la Palabra de Dios, péguese a las cosas que se enseñan en este libro. No niegue la Palabra en ninguna de sus partes. Crea en el nacimiento virginal, la deidad de Cristo, la resurrección corporal, y todos los elementos esenciales que afirmamos como base de nuestra fe.

d. Lo que Cristo ve

1.) En el versículo 9, el Señor dice: *"He aquí, yo entrego de la sinagoga de Satanás a los que se dicen ser judíos y no lo son, sino que mienten; he aquí, yo haré que vengan y se postren a tus pies, y reconozcan que yo te he amado"*.

- En verdad, Jesús dice: "En cuanto a los considerados como parte de la sinagoga de Satanás, quienes dicen ser judíos, aunque no lo son, yo haré que vengan y adoren, respeten o se postren ante ustedes que son cristianos".
- ¿Por qué dice esto? Observemos la última línea del versículo 9: *"y reconozcan que yo te he amado"*. Nosotros también deberíamos copiar este amor de Cristo, y se llama amor fraternal, lo cual significa Filadelfia, que es la clave para esta iglesia.

2.) *"Por cuanto has guardado la palabra de mi paciencia, yo también te guardaré de la hora de la prueba que ha de venir sobre el mundo entero, para probar a los que moran sobre la tierra"* (3:10).

- Debemos tomar este versículo literalmente. Él estará ahí para la hora de la tribulación.
- ¿Qué es la *"palabra de mi paciencia"*? Creo que se refiere a que esperemos pacientemente a Cristo. En 2 Tesalonicenses 3:5 Pablo dice: *"Y el Señor encamine vuestros corazones al amor de Dios, y a la paciencia de Cristo"*.
- *"yo también te guardaré de"*. La prueba conocida como *"la hora de la prueba"* es una prueba para los moradores de la tierra, no para los creyentes. No podemos ser juzgados con el mundo porque la Biblia dice que hemos pasado de muerte a vida. Lo siguiente en nuestro calendario de actividades, y en el calendario de Dios, es el rapto de la iglesia.

e. Segunda venida

- *"He aquí, yo vengo pronto; retén lo que tienes, para que ninguno tome tu corona"* (3:11).
- Dos cosas aquí son de máxima importancia para nosotros:

1.) Primero, Él va a venir pronto y tomará su perla de gran precio, la iglesia. Esta promesa de su venida nuevamente es algo que nos ayuda a seguir viviendo la vida cristiana.

2.) Segundo, Él dice: *"retén lo que tienes, para que ninguno tome tu corona"*. En otras palabras, aférrate a lo que tienes, porque eso será tu recompensa.

- Hay dos cosas que quiero que recordemos sobre lo que el Señor nos ha dado:

1.) Primero, el cielo y la salvación no son una recompensa. *Son regalos del Señor Jesucristo.*

2.) Segundo, las recompensas (o coronas) se dan por las obras *después* de la salvación. Se nos dan los dones para trabajar para Él, pero las recompensas las da el Señor Jesús por las cosas que hacemos por su nombre y su gloria después de haber sido salvos.
   - Él va a venir pronto, y ninguno de los que afirmamos el nombre de Cristo pasaremos por la hora de la prueba.

f. Amonestación universal
   - En esta carta, la amonestación a oír es el cierre de la carta.
   - *"El que tiene oído, oiga lo que el Espíritu dice a las iglesias"* (3:13).
   - Debemos oír mediante el Espíritu Santo que interpreta la Palabra de Dios para nosotros.

g. Promesa final

1.) *"Al que venciere, yo lo haré columna en el templo de mi Dios"* (3:12).
   - En el cielo no hay un templo móvil. Juan dice que en la nueva Jerusalén no vio ningún templo, porque el Señor Dios y el Cordero son el templo.
   - Cuando dice que vamos a ser una columna en el templo de Dios, está diciendo que, en el cielo, el pueblo de Dios tiene una eternidad con Dios mismo.
   - ¿Qué es una columna? Es algo para fortalecer, adornar, embellecer y conmemorar. Dios nos ha escogido en la eternidad de eternidades para ser el testimonio, el adorno, y la conmemoración de su gracia, amor y misericordia.
   - En la nueva Jerusalén somos el adorno y la expresión de todo lo que Dios es: amor, misericordia, gracia, belleza y santidad; un mundo sin final.

2.) *"y nunca más saldrá de allí"* (3:12).
   - Seremos columnas y nunca más saldremos.
   - En la trayectoria de los sacerdotes, la muerte los sacaba de su ministerio. Incluso nuestros primeros padres fueron expulsados, más allá del Edén, para sudar y trabajar la tierra.
   - Pero en la nueva Jerusalén nunca más tendremos que salir de la ciudad de Dios.

3.) *"y escribiré sobre él el nombre de mi Dios, y el nombre de la ciudad de mi Dios, la nueva Jerusalén, la cual desciende del cielo, de mi Dios, y mi nombre nuevo"* (3:12).
   - Como el sumo sacerdote de antaño, tendremos toda la dignidad de ese alto oficio, llevando con ello el acceso a Dios para siempre.
   - Notemos estas palabras: *"Por lo cual Dios también le exaltó hasta lo sumo, y le dio un nombre que es sobre todo nombre, para que en el nombre de Jesús se doble toda rodilla de los que están en los cielos, y en la tierra, y debajo de la tierra"* (Filipenses 2:9-10).
   - Él nunca deja de lado sus nombres, pero también hay logros, victorias y triunfos que el hombre nunca puede comprender del todo, y de los cuales hemos oído o soñado conformes a nuestro Señor Jesucristo.

La carta a la iglesia de Laodicea (Apocalipsis 3:14-22)

1. La ciudad de Laodicea
   - Esta es la última carta a las iglesias de Asia. Está escrita a los creyentes en Laodicea.
   - Laodicea es la iglesia más al sudeste en Turquía.

- El nombre de Laodicea es rico en significado. Fue fundada por Antíoco II, que puso a la ciudad el nombre de su esposa: Laodicea.
- A unos veinticinco kilómetros al este de esta iglesia encontraremos la antigua ciudad de Colosas.
- Laodicea significa "justicia de la gente".
- En esta ciudad había mucha riqueza, ciencia y literatura. Era el centro de la industria.
- Al edificar la ciudad, a los judíos se les ofreció la ciudadanía gratuita para seducirlos a que vivieran en la nueva ciudad. La razón de esto era que los judíos llevaban con ellos el comercio, y esos trabajos significaban riqueza, comercio, banca y fabricación. Esto era especialmente cierto en Laodicea.
- La riqueza de Laodicea llegaba en gran medida por la industria de los vestidos de la ciudad. El Señor usa las costumbres comunes de ese tiempo para enseñar verdades espirituales, amonestando a esas personas a que *"compres… vestiduras blancas para vestirte"* (3:18).
- Había un centro médico en Laodicea. Uno de los productos fabricados y exportados, entre otros productos médicos, era una pequeña pastilla que se aplastaba y se ponía en los ojos de los que tenían alguna enfermedad ocular. La gente de todo el Imperio Romano compraba esas pastillas. El Señor nos refiere a esto cuando dice: *"unge tus ojos con colirio, para que veas"* (3:18).

2. La iglesia en Laodicea
   - Laodicea es una ciudad interesante y una iglesia interesante, pero principalmente, es significativa para nosotros porque representa la última de las iglesias.
   - ¿Cómo serán las iglesias cuando el Señor regrese otra vez? La iglesia en Laodicea representa el último periodo de la historia de la iglesia. La iglesia laodicea es la iglesia de los últimos tiempos. Este hecho hace que cada sílaba de este particular pasaje de las Escrituras sea importante.
   - De todas las iglesias a las que ha escrito el Espíritu de Dios, hay solo una iglesia a la que el Señor no tiene nada que decirle en forma de elogio y ánimo, y es la iglesia en Laodicea.
   - La iglesia laodicea queda descrita como una iglesia tibia, ni fría ni caliente. Era indiferente a la doctrina, verdad y enseñanza de Dios. Para los laodiceos, una iglesia era tan buena como cualquier otra.
   - Laodicea dejó de practicar las verdades de Dios, pero su posición ante Dios es incuestionable y el Señor deja esto muy claro.
3. La carta
   a. Saludo
      - *"Y escribe al ángel de la iglesia en Laodicea…"* (3:14).
      - Notaremos que la iglesia es reconocida y llamada por su nombre.
      - La condición espiritual de esta asamblea, incluso en los días de Pablo, treinta años antes, causó el gran conflicto mental del apóstol, como podemos leer en Colosenses 2:1.

   b. Atributos del Señor Jesús
      1.) *"He aquí el Amén…"* (3:14).
         - La palabra *"Amén"* se usa como un nombre adecuado para Cristo. La palabra significa lo que está fijo, lo que es cierto y lo que no puede cambiar.
         - En griego, se traduciría en nuestro bien conocido uso de la palabra *ciertamente*. Este nombre tiene una nota de finalidad. Indica que Cristo tiene la última palabra.
         - En su persona, tenemos la garantía de que cada promesa y cada verdad será refrendada por el Señor. *"el testigo fiel y verdadero…"* (3:14).
         - Cristo es el que revela todo y dice todo. Nunca deberíamos mirar a un hombre o una iglesia, sino al *"testigo fiel y verdadero"*.

- Él le dice a esta iglesia en Laodicea que es el testigo fiel y verdadero porque la iglesia allí era un desastre. El testimonio más responsable que Cristo ha tenido jamás en la tierra es la iglesia, pero en este periodo laodiceo, la iglesia está siendo moralmente arruinada, no por enemigos declarados sino por personas que profesan ser hacedores del bien, creyentes que alardean y se enorgullecen, que son ricos y se contentan en Cristo por fuera, pero que son fríos e indiferentes en su vida interior.

2.) *"el principio de la creación de Dios..."* (3:14).

- Cristo ahora habla de sí mismo como Creador. Pablo también dice esto enfáticamente en Colosenses 1:15-19.
- Él es el creador y el consumador.
- Este hecho en sí da a entender la ruina de la creación, de la cual la iglesia es el último testigo.
- *Él es el principio porque es el que integra todas las cosas.*

c. Obras de la iglesia

- *"Yo conozco tus obras, que ni eres frío ni caliente. ¡Ojalá fueses frío o caliente!"* (3:15).
- Laodicea representa la era en la que vivimos. Se describe como siendo rica y teniendo todos los ornamentos del mundo, y a la vez no eran ni fríos ni calientes.
- Los términos usados son *"frío"* y *"caliente"*, no "muerto" y "vivo".
- Si se hubieran usado estas dos últimas descripciones, la verdad de ser salvo o perdido se habría puesto en cuestión, pero comenzar con *"ni eres frío ni caliente"* se usó para describir su relación con Cristo.
- Lo que implica el término *"tibio"* (3:16) es una total indiferencia hacia Cristo, no rencor.
- No hay nada peor que tener una posición neutral, sin compromiso hacia Cristo. Por esto, el Señor les dice lo que hará.

d. Lo que Cristo ve

1.) *"Pero por cuanto eres tibio, y no frío ni caliente, te vomitaré de mi boca"* (3:16).

- La tibieza enferma al Señor. La iglesia, o la organización llamada la iglesia, es vomitada y no es parte del rapto.
- Hay una organización llamada "la iglesia" que pasará por la tribulación. Tendrá toda la apariencia externa de una iglesia rica y cómoda, pero no será parte del cuerpo de Cristo.
- Recordemos que la verdad y la mentira pueden entrar en la casa, pero solo la verdad puede entrar en el Cuerpo. Así que el Señor dice a los que son falsos: *"te vomitaré de mi boca"*.
- Recordemos que Filadelfia es alentada con una promesa de *"yo vengo pronto"*; Laodicea es amenazada con juicio: *"te vomitaré de mi boca"*.
- El repudio del Señor de esta iglesia se producirá mediante el traslado de los santos. En otras palabras, la separación de todos los verdaderos creyentes y el rechazo de la actitud laodicea mundana.

2.) *"Porque tú dices: Yo soy rico, y me he enriquecido, y de ninguna cosa tengo necesidad; y no sabes que tú eres un desventurado, miserable, pobre, ciego y desnudo"* (3:17).

- En el versículo 17 leemos la condenación del Señor. Recordemos que Filadelfia no dijo nada, pero Laodicea sí.

- Veamos que el Señor dice: *"tú dices"*. No solo había una condición de autosatisfacción en esta iglesia, sino que también había orgullo, como menciona el Señor cuando dice: *"Porque tú dices: Yo soy rico"*.
- Sin duda, esta iglesia tenía influencia, números, dones, adquisiciones intelectuales y otras cualidades atractivas, y se enorgullecía de todo ello. Que estas cosas existían a costa de la espiritualidad, y a costa de un amor ferviente por Cristo, solo se puede ver como una maldición, y si no hay arrepentimiento, debe terminar en juicio.
- Ellos se podían enorgullecer mientras el juicio inmediato era anunciado en el versículo 16, y Cristo, quien debería ser la vida y gloria de la iglesia, estaba de pie fuera, como veremos en el versículo 20.
- ¿Cómo mira el Señor todo esto? Él dice: *"tú eres un desventurado, miserable, pobre, ciego y desnudo"* (3:17).
- Eran pobres porque no tenían verdaderas riquezas, solo dinero. Eran ciegos a su propia condición, y a la gloria del Señor, y desnudos de toda justicia divina.
- *"y no sabes..."* (3:17). Su propia condición delante de Dios era completamente desconocida para estas personas.
- ¿Vemos un paralelismo en nuestros días? No conozco una actitud más común en el mundo hoy que la de "Yo", y la actitud del humanismo.

3.) *"Por tanto, yo te aconsejo que de mí compres oro refinado en fuego, para que seas rico, y vestiduras blancas para vestirte, y que no se descubra la vergüenza de tu desnudez; y unge tus ojos con colirio, para que veas"* (3:18).

- Encontramos en este versículo tres características principales de Laodicea: pobreza, desnudez y ceguera. Y el Señor les ofrece gracia.
- El Señor es amable aquí. Podía haberles ordenado que hicieran ciertas cosas, pero en su lugar les aconseja: *"que de mí compres oro refinado en fuego"* (3:18). Oro, purificado o refinado en fuego, señala la justicia divina, la cual es probada. Sin ello, qué pobres seremos.
- El término *"vestiduras blancas"* se declara porque representa la justicia de los que creen en el Señor. Estas vestiduras blancas cubrían su desnudez moral y la vergüenza de su vida.
- El *"colirio"* yo creo que es el Espíritu Santo, y tienen que aplicarlo a los ojos para tener discernimiento espiritual para poder ver lo verdadero y espiritual.

4.) *"Yo reprendo y castigo a todos los que amo; sé, pues, celoso, y arrepiéntete"* (3:19).

- A lo largo de todas las palabras a esta iglesia, el Señor ha estado hablando con un tono de inusual severidad. Las circunstancias así lo piden; pero para los cristianos, antes y ahora, debían saber que la reprensión y el castigo del Señor son el fruto de su amor.
- En otras palabras, Él volvería a avivar su interés. Este es el primer paso hacia la recuperación para esa iglesia, y para nosotros.

e. Segunda venida

- No se menciona la segunda venida en la carta a la iglesia en Laodicea.

f. Amonestación universal

- *"El que tiene oído, oiga lo que el Espíritu dice a las iglesias"* (3:22).

- Este versículo finaliza la carta a los laodiceos y el tercer capítulo de Apocalipsis.
- La obligación de cada *individuo* es oír.

g. Promesa final

- Ahora llegamos a uno de los versículos más preciosos de todo Apocalipsis. Este llamado tierno y conmovedor ha sido, durante siglos, el fundamento de muchas canciones y sermones cristianos.

  1.) *"He aquí, yo estoy a la puerta..."* (3:20).
     - Esto solo se dice a individuos, a diferencia de otros versículos que estaban dirigidos al cuerpo colectivo.
     - Notemos aquí que el Señor toma un lugar desde fuera. Está renegando moralmente de la iglesia confesa.
     - El Señor habla y llama, y qué rica muestra de gracia es esto en las peores circunstancias.
     - El Señor ni manda, ni fuerza la entrada.

  2.) *"si alguno oye mi voz y abre la puerta, entraré a él, y cenaré con él, y él conmigo"* (3:20).
     - Esto se refiere a la última cena del día, la última actividad antes del amanecer de un nuevo día.
     - Recuerde: esto es para individuos. El texto indica que Él continúa de pie y llamando porque quiere el lugar en el corazón de los suyos.

  3.) *"Al que venciere, le daré que se siente conmigo en mi trono, así como yo he vencido, y me he sentado con mi Padre en su trono"* (3:21).
     - Esto es de lo más impactante de todas las cosas que el Señor dijo a sus iglesias.
     - Las cartas, como esta a Laodicea, están dirigidas a congregaciones, ministros e iglesias, pero la apelación es siempre al corazón individual y al alma individual.
     - El Señor, mientras habla a sus congregaciones, reprende y aconseja, exhorta e indica juicio, pero cuando hace una apelación, siempre la hace en singular, al individuo.
     - La promesa de nuestro Señor al alma del creyente se encuentra en este versículo. El trono es la señal y el símbolo de autoridad real y dominio.
     - El Señor Jesús está en la posición exaltada por su vida de paciencia y su muerte por nosotros y para la gloria de Dios.
     - La recompensa para el vencedor es gloriosa. Recordará que se describe a un vencedor en 1 Juan 5:4-5. Busque este versículo para un mejor entendimiento del término *vencedor*:

____

____

____

____

____

____

- El vencedor laodiceo, la persona que vive en esta era, pero es fiel a la Palabra de Dios y a su fe en Cristo, tiene prometida una parte de las riquezas de Cristo, en su reino y gloria.
- Es cierto que se habla en este pasaje de una recompensa rica y plena para los que vencen el elemento laodiceo.

Ahora hemos terminado el estudio de las siete iglesias. Las lecciones en la historia de la iglesia contenidas en los capítulos 2 y 3 de Apocalipsis son de incalculable valor. Tener las palabras del cielo y luz sobre las condiciones durante este periodo de la iglesia de casi dos mil años, es una misericordia que es insuperable.

¿Cuánto recuerda?

1. ¿Qué cartas están contenidas en este capítulo de Apocalipsis?
2. ¿Cuál era la actitud hacia Cristo de la iglesia en Sardis?
3. ¿Cómo le habla el Señor a la iglesia en Sardis sobre su segunda venida, y cuál es la promesa para los creyentes de allí?
4. ¿Cómo se le denominaba a la iglesia de Filadelfia?
5. ¿Cuál es la promesa de Dios para los vencedores en Filadelfia?
6. ¿Qué iglesia es la única que no recibió palabras de elogio de parte del Señor?
7. ¿Qué atributos usa el Señor para describir a los laodiceos?
8. ¿Cuál es la actitud de los laodiceos hacia Cristo?
9. Repase el versículo 18 y recuerde qué simbolizan los términos *"refinado en fuego"*, *"vestiduras blancas"* y *"colirio"*.
10. ¿Cuál fue la promesa de Dios para los laodiceos?

Su tarea para la próxima semana:

1. Lea Apocalipsis 4.
2. Repase sus notas de esta lección.
3. Subraye su Biblia.

Notas de la lección 5

Lección 6

APOCALIPSIS 4

"Escribe las cosas... que han de ser después de estas" (Apocalipsis 1:19).

1. La tercera gran parte
   - En el capítulo 4 llegamos a la tercera y gran sección final del Apocalipsis, según lo bosquejó el Espíritu de Dios.
   - Así, Dios dividió el libro de Apocalipsis en tres grandes partes y ordenó a Juan que escribiera estas tres grandes partes en Apocalipsis 1:19. Hemos estudiado dos de ellas.
   - Primera: *"Escribe las cosas que has visto"*.
   - Segunda: *"Escribe las cosas... que son"*. Y esas cosas son, por supuesto, las iglesias a las que se dirige en los capítulos 2 y 3.
   - Después la tercera parte: *"Escribe las cosas... que han de ser después de estas"*. El significado es "escribe las cosas que serán cuando las iglesias ya no estén; escribe las cosas que serán después de las iglesias".
   - Por lo tanto, cuando llegamos a Apocalipsis 4 estamos entrando en la consumación final de la era. Toda la historia de la iglesia ahora ha pasado. Los miles de años que Dios ha estado usando a sus ministros, y la Palabra para mantener la luz de Cristo en sus iglesias ya no están, han sido quitados.
   - Comenzando con el capítulo 4, entramos en el gran periodo de juicio de Dios sobre la tierra, después de que el pueblo de Dios haya sido arrebatado.
2. La desaparición de las iglesias.
   - Esto es algo asombroso. Las iglesias desaparecen en el capítulo 4.
   - Hasta aquí, las iglesias han ocupado el lugar central según Dios ve la historia, pero al final del capítulo 3 y comenzando con el capítulo 4, las iglesias desaparecen. Ya no hay más iglesias; ya no son mencionadas.
   - Algunos piensan que se les hace referencia bajo el nombre de Israel, pero yo les digo: ¿las iglesias tienen doce tribus y están divididas según la tribu de Judá, la tribu de Simeón, la tribu de Rubén, etc.?
   - La siguiente vez que vemos a la iglesia es en Apocalipsis 19 al final de la era. Está ahí, la novia de Cristo, viniendo con su Señor en gloria.
   - ¿Cómo llegó hasta ahí? Ella desaparece en el primer versículo del capítulo 4, y la siguiente vez que vemos a la iglesia es en el capítulo 19. Así que pregunto: ¿cómo llegó hasta ahí arriba con el Señor? Eso es lo que Pablo llama, en griego, un *musterion*, o un misterio.
   - Para nosotros, un misterio es un enigma, un acertijo, algo retorcido y difícil de descubrir, pero en la Biblia, un *musterion* (un misterio) es un secreto en el corazón de Dios, el cual un hombre nunca puede entender por sí solo; Dios tiene que revelarlo (véase, por ejemplo, Romanos 16:25; Efesios 3:3-5, 8-10).
3. La antigua palabra *Rapto*
   - La palabra *rapto* es una antigua palabra construida sobre la palabra en latín *rapare*, o *raptum*. Significa transportar, sacar o arrebatar.
   - *Rapto* en nuestro lenguaje actual ha pasado a significar "éxtasis", porque cuando alguien es transportado fuera de sus cabales, está más allá de sí mismo. Hemos llegado a aplicar la palabra al modo en que nos sentimos.

- Pero deberíamos recordar que la enseñanza básica y el significado de la palabra *rapto* es "arrebatar". Por lo tanto, cuando hablamos del rapto de la iglesia estamos hablando de arrebatar o sacar al pueblo de Dios, el reclutamiento o el transporte a la gloria de toda la casa de la fe.
- También esto es un misterio, según Pablo, algo que Dios ha revelado a sus iglesias, en Hechos 7:55-56.

4. Una puerta abierta en el cielo: Apocalipsis 4:1
   - Cada palabra de este versículo es significativa: *"Después de esto miré, y he aquí una puerta abierta en el cielo; y la primera voz que oí, como de trompeta, hablando conmigo, dijo: Sube acá, y yo te mostraré las cosas que sucederán después de estas"*.
   - Este versículo es un tipo e imagen de la puerta de la ascensión del pueblo santificado de Dios.
   - Esa voz de trompeta es el tipo y símbolo de la voz del arcángel de Dios, sonando como una trompeta que resucita a los muertos de sus tumbas, y que, según la palabra de nuestro Salvador, reúne a sus elegidos de las cuatro esquinas de la tierra. Esta es la gran voz de trompeta que llama al cielo a los hijos santificados de Dios en la tierra.
   - Notemos las palabras especialmente: *"Sube acá, y yo te mostraré las cosas que sucederán después de estas"*. Ese es el tipo e imagen de los hijos de Dios resucitando para estar con su Señor en gloria.
   - Después, cuando la puerta en el cielo se ha abierto, y cuando el gran llamado de Dios a sus muertos santificados y todos los que estemos viviendo que seamos salvos, en otras palabras, después del rapto de la iglesia, el Espíritu Santo escribe: "Te mostraré cosas que deben ser las cosas que son después de estas cosas".
   - Al final de la era de Filadelfia, la puerta se está empezando a cerrar. En la era laodicea, la puerta está cerrada y Cristo está llamando desde fuera. Pero cuando la puerta comienza a cerrarse al final de la era filadelfina y el periodo laodiceo parece crecer a pasos agigantados en todo el mundo, esa es la señal para que se abra la puerta del cielo. Cuando se abre, Dios dice al apóstol Juan: *"una puerta abierta... sube acá"*. Así como los embajadores son llamados a su país antes de declararse la guerra, lo mismo ocurre con nosotros. Antes de que estas cosas le sucedan al mundo, Dios debe quitar primero todo lo que le pertenece, porque el fuego y el juicio no pueden caer hasta que nosotros *"subamos acá"*.
   - El resto del libro de Apocalipsis es una descripción del terrible y espantoso periodo cuando Dios haya sacado a su pueblo de la tierra y cuando derrame sobre este mundo los juicios de la ira del Todopoderoso.
   - Comenzando desde el capítulo 4 y hasta la consumación, tenemos la revelación, la retirada del velo de los últimos tiempos del mundo, los días grandes y terribles de la tribulación.
5. La liberación del pueblo de Dios
   - En Isaías 13, Joel 1-2 y 2 Tesalonicenses 2:2, el tiempo se llama *"el día de Jehová"* o *"el día de Cristo"*.
   - En Jeremías 30:7 el tiempo se llama *"tiempo de angustia para Jacob"*.
   - En Daniel 12, ese tiempo se describe como que será *"tiempo de angustia, cual nunca fue desde que hubo gente hasta entonces"* (Daniel 12:1). Es un día de gran terror.
   - Este día es el estallido y derramamiento de los juicios del Dios todopoderoso sobre la iniquidad y el pecado, y sobre los que rechazan las propuestas de gracia, cuando Dios dirá "basta". Será el día de la *gran tribulación*.
   - ¿Dónde estaremos? ¿Dónde estará nuestra gente, el pueblo de Dios, la iglesia, los santos, los redimidos de Dios durante esta terrible tribulación? ¿Los que creen pasarán por la tribulación? Cada respuesta de las Escrituras es, enfáticamente, *no*.
   - Mientras los creyentes estén en esta tierra, esos juicios no pueden caer. Mientras el pueblo de Dios esté presente, esas cosas horribles y terribles que sucederán en la tribulación nunca sucederán.

6. Las iglesias de Dios y la gran tribulación

- Ahora veremos por qué las iglesias del Señor Jesús no pasarán por este terrible periodo de prueba y tribulación.
- Hay cuatro razones por las que el pueblo de Dios no pasará por el terrible periodo de prueba y angustia:

a. El trasfondo estructural y bosquejo del libro de Apocalipsis mismo

- Escrito en Apocalipsis 1:19.
- ¿Cómo llega la iglesia al cielo? Fue sacada, raptada, que fue un gran misterio que se nos reveló en las Escrituras.
- En Apocalipsis, se abrió una puerta en el cielo y se oyó una voz de trompeta, diciendo: "*Sube acá*", dibujando gráficamente el llamamiento del pueblo de Cristo, del cual Juan es un representante. Así, el pueblo de Dios no va a ser juzgado.
- Encontraremos la descripción de eso en 2 Corintios 5:10, cuando todos estaremos ante el tribunal de Cristo. Ese es el juicio de las *recompensas*.
- Romanos 8:1 dice: "*Ahora, pues, ninguna condenación hay para los que están en Cristo Jesús*". En Apocalipsis 3:10, el Señor dice: "*Por cuanto has guardado la palabra de mi paciencia, yo también te guardaré de la hora de la prueba que ha de venir sobre el mundo entero*".

b. 2 Tesalonicenses 2:2-3

- La segunda razón por la que el pueblo de Dios no pasará por la terrible tribulación se encuentra en este versículo.
- Los cristianos en Tesalónica estaban en una gran prueba. Pensaban que estaban en los días de la tribulación y le preguntaron a Pablo qué estaba sucediendo.
- Pablo les explicó esto en 2 Tesalonicenses 2:3. Busque este versículo:

____

____

____

____

- Algunos textos interpretan esto como el pueblo de Dios siendo raptado, pero Pablo continúa con la explicación de que lo primero que sucederá en ese día terrible del Señor y del juicio de Dios sobre esta tierra es la revelación del hombre de pecado.
- Hay un freno en esta tierra, el Espíritu Santo de Dios, y Él está en su pueblo. Algún día el Espíritu Santo de Dios en sus iglesias y en su pueblo será quitado, y cuando eso suceda, el hombre de pecado será revelado y será lo que dé paso a la gran tribulación.

c. Tipos e ilustraciones para describir esos tiempos terribles

- En Lucas 17:26,28,30, el Señor dice: "*Como fue en los días de Noé, así también será en los días del Hijo del Hombre.... Asimismo, como sucedió en los días de Lot.... Así será el día en que el Hijo del Hombre se manifieste*".
- Tomemos este ejemplo y observemos el hecho de que, en los días de Noé, en los días del juicio de Dios sobre la tierra, en los días del diluvio, Enoc fue llevado antes del diluvio, Noé navegó sobre el diluvio, y el mundo vil, malvado e incrédulo pereció en el diluvio.
- Enoc es un tipo e imagen del pueblo de Dios, que es tomado antes de la tribulación.

- Lot era un cristiano carnal, transigente, pero el ángel le dijo a Lot: *"porque nada podré hacer hasta que hayas llegado allí"* (Génesis 19:22). Mientras Lot estuviera en Sodoma, el fuego no podía caer, el azufre no podía arder, y el juicio no podía llegar.
- Antes de que ese juicio llegara, y antes de los asombrosos días de la gran tribulación, el pueblo de Dios debe ser llevado, porque Dios no dejará que el juicio caiga hasta que primero el Espíritu que refrena, el pueblo de Dios haya sido quitado.

d. Presentación bíblica del consuelo y la esperanza del cristiano

- Aunque algunos esperan al hombre de pecado, la bestia o el falso profeta, o la tribulación y las pruebas, al pueblo de Dios se le dice que mire solo al bendito y santo Salvador. Debemos esperarlo a Él.
- Como escribió Pablo en Tito 2:13: *"aguardando la esperanza bienaventurada y la manifestación gloriosa de nuestro gran Dios y Salvador Jesucristo"*.
- Es falso poner algo entre la promesa del regreso inminente e inmediato de Cristo y su cumplimiento. La venida de Cristo está siempre cercana. Debemos vivir con el inminente regreso de Cristo en mente.
- *Él vendrá silenciosa y calladamente, y recogerá la perla de gran precio, la cual ha comprado* con su propia sangre. Él viene por sus joyas, que resultan ser la iglesia.

7. Primera visión de Juan del cielo (versículos 2 y 3)

- La puerta que se ha abierto en el cielo ahora ha permitido que la iglesia, y Juan en su visión, entren al cielo.

a. El trono

- Lo que Juan ve es casi indescriptible, pero podemos observar que, inmediatamente, vio el trono allí en el cielo. A lo largo del resto de Apocalipsis, el trono de Dios es el objeto central de todo lo que sucede.
- Su estabilidad se expresa en la palabra *"establecido"*. Es fijado de forma definitiva y precisa, y se convierte en un asiento de autoridad real. Los tronos de este mundo no duran, pero el trono del cielo es nuestra seguridad y fortaleza.
- Al *"uno"* sentado en el trono no se le nombra, pero se le describe con varios términos importantes. Se nombran dos piedras preciosas, y lo que Juan vio era como esas piedras, *"semejante a piedra de jaspe y de cornalina"* (4:3). Los llamaríamos diamantes y rubíes. Mediante esas piedras se reflejan la gloria y la majestad de Dios.
- Sin duda, su gloria esencial no puede comunicarse, y no se le comunicó aquí a Juan. Pero Juan vio todo lo que la Biblia indica que uno ve de Dios, porque Dios es espíritu. Esto está reflejado en 1 Timoteo 6:16. Busque este versículo:

____

____

____

____

b. El arco iris

- Notemos también que Juan ve un arco iris alrededor del trono, *"semejante en aspecto a la esmeralda"* (4:3).
- Este gran trono en el cielo, rodeado por un arcoíris, es un testigo de que el Dios todopoderoso recordará con misericordia de pacto a su pueblo.

- El propósito de ese arcoíris se puede encontrar en Génesis 9:11-17. En ese pacto, Dios prometió que el mundo nunca más sería completamente destruido por el agua, y también proclamó que mientras existiera la actual tierra, las cuatro estaciones continuarían y que habría luz y tinieblas, así como sol y calor.
- Este arcoíris alrededor del trono de Dios es un amoroso recordatorio de que Dios sostendrá su promesa de misericordia, incluso durante los horribles días de la tribulación.
- La referencia de una esmeralda es importante porque es de color verde en vez de la combinación de colores que estamos acostumbrados a ver en el arcoíris. Este es un verde hermoso; el color característico que Dios usa en todo el universo. Es el color de la vegetación y el único que nunca cansa al ojo.
- Los santos glorificados, todos los que somos parte del cuerpo de Cristo, tendremos constantemente ante nuestros ojos el arcoíris en su totalidad; el recuerdo de la gracia de Dios con la tierra, incluso cuando esté a punto de lidiar en juicio con los moradores de la tierra.

8. Los veinticuatro ancianos (Apocalipsis 4:4)
   a. Quiénes no son
      - ¿Quiénes son los veinticuatro ancianos? No son espíritus. Está lejos de nuestro pensamiento y ciertamente es algo ajeno a la revelación de Dios que los espíritus estén vestidos, coronados o incluso sentados.
      - Estos veinticuatro ancianos no son ángeles. En la descripción de estos que dan alabanza a Dios, siempre están separados de los ángeles. Ejemplos de esto se pueden encontrar en Apocalipsis 5:11.
   b. Quiénes son
      - Los veinticuatro ancianos son los santos de Dios: sus redimidos, su pueblo comprado por sangre. Están entronados en el cielo, sentados alrededor del gran trono blanco central.
      - Su número de veinticuatro, dos veces doce, representa a los doce patriarcas de Israel y los doce apóstoles del Cordero. Juntos componen la sociedad de redimidos de Dios. Este es el mismo sistema de números que encontraremos en la descripción de Juan de la hermosa ciudad, la nueva Jerusalén. Hay doce puertas, y en esas doce puertas están los nombres de las doce tribus de Israel. En los doce fundamentos están escritos los nombres de los doce apóstoles del Cordero. Los doce de Israel y los doce de la iglesia componen los veinticuatro ancianos, sentados delante del trono.
      - Notemos que estos veinticuatro ancianos están vestidos con vestiduras blancas y tienen coronas de oro sobre sus cabezas. Ambas cosas son ciertas de los creyentes nacidos de nuevo. La túnica blanca siempre simboliza justicia, y las coronas son recompensas dadas por el Señor Jesús.
9. Versículo 5: *"Y del trono salían relámpagos y truenos y voces; y delante del trono ardían siete lámparas de fuego, las cuales son los siete espíritus de Dios"*.

- Las palabras dan a entender que los *"relámpagos y truenos y voces"* salían de dentro del trono. Esta es una indicación de que Dios se está preparado para comenzar el juicio. Los relámpagos y los truenos procedentes del trono significan una tormenta, una tormenta grande y seria.
- También notaremos que había siete lámparas de fuego ardiendo delante del trono, las cuales son los siete espíritus de Dios. En el capítulo 1 vimos estas mismas siete lámparas sobre la tierra, con Cristo caminando entre ellas. Ahora estas lámparas están en el cielo, una evidencia más de que Dios quitará a la iglesia antes del periodo de la tribulación.

- También en el capítulo 1 se nos presentaron los siete espíritus de Dios, y vimos que esto simbolizaba las siete características del Espíritu Santo, como indicaba Isaías 11:2. Esto demuestra también que la iglesia será quitada, porque las siete lámparas están delante del trono y son los siete espíritus de Dios.

10. *"Y delante del trono había como un mar de vidrio semejante al cristal"* (4:6).
    - La palabra *"mar"*, en términos bíblicos, siempre simboliza incesantes masas de personas.
    - La palabra se usó en este sentido en Apocalipsis 13 y varias veces en el libro de Isaías. Isaías compara las naciones con el mar turbulento. Esto es asombroso, porque en Apocalipsis 15:2 encontraremos *"un mar de vidrio mezclado con fuego"*, algo que expresa el calvario de lo que va a acontecer en ese tiempo.
    - Pero aquí delante del trono, el mar es como el cristal, sin movimiento. Esto refleja a los creyentes tranquilos en la presencia de Dios. No hay más tormenta, hay calma, quietud y paz.
11. Los cuatro seres vivientes (versículos 6-11)

y alrededor del trono, cuatro seres vivientes [en griego, zoa, o "cosas vivientes"] llenos de ojos delante y detrás. El primer ser viviente [zo-on] era semejante a un león; el segundo era semejante a un becerro [como un buey]; el tercero tenía rostro como de hombre; y el cuarto era semejante a un águila volando. Y los cuatro seres vivientes [zoa] tenían cada uno seis alas, y alrededor y por dentro estaban llenos de ojos; y no cesaban día y noche de decir: Santo, santo, santo es el Señor Dios Todopoderoso, el que era, el que es, y el que ha de venir. Y siempre que aquellos seres vivientes dan gloria y honra y acción de gracias al que está sentado en el trono, al que vive por los siglos de los siglos, los veinticuatro ancianos se postran delante del que está sentado en el trono, y adoran al que vive por los siglos de los siglos, y echan sus coronas delante del trono, diciendo: Señor, digno eres de recibir la gloria y la honra y el poder; porque tú creaste todas las cosas, y por tu voluntad existen y fueron creadas.

- Vamos a hablar sobre estos cuatro seres vivientes que encontraremos a lo largo del Antiguo Testamento, comenzando con el tercer capítulo de Génesis, donde el Señor puso querubines al oriente del huerto de Edén.
- Los encontraremos también en Ezequiel 10, y por lo general se les llama los cuatro querubines de Dios.

   a. ¿Cuál es el significado de los cuatro seres vivientes en el libro de Apocalipsis?

      1.) Tienen que ver con el mundo.
         - Tienen que ver con los propósitos de Dios en esta vida creada.
         - Son cuatro en número, lo cual significa el mundo.
         - Hay cuatro estaciones, cuatro puntos de la brújula, cuatro elementos y cuatro vientos. Cuatro es el número que hace referencia a la tierra.
         - Los judíos del Talmud dicen que había cuatro que eran principales entre las formas de vida que hizo Dios: primero entre toda vida creada, el hombre; segundo entre la vida doméstica, el buey; tercero entre toda vida domada, el león; y cuarto entre las aves del cielo, el águila volando. Estos son los cuatro rostros del querubín. Tienen que ver con la vida creada de Dios en este mundo.

      2.) Los querubines tienen que ver con la implementación y ejecución de los propósitos y decretos para este mundo y para la vida que Él ha creado.
         - Su tarea es la ejecución de los decretos y propósitos de Dios en la historia humana.

- En este capítulo leemos: *"Y del trono salían relámpagos y truenos y voces"*. Sabemos, por lo tanto, que el trono aquí es un trono de juicio.
- La verdad se asigna claramente a los querubines del Apocalipsis. Vemos esto abiertamente revelado al comenzar el capítulo 6 en una lección posterior, cuando encontramos al Cordero abriendo los sellos y a uno de estos cuatro querubines que dice: "Ven". Y después viene un caballo blanco, el anticristo, un falso profeta de paz, venciendo y listo para vencer. Continuando en ese capítulo, veremos que los cuatro querubines, los *zoa*, los seres vivientes, tienen una parte que desempeñar.

3.) Los querubines son emblemas, instrumentos e insignia del amor y de los propósitos de la gracia para nosotros y para la creación de Dios.

- En el huerto del Edén, cuando el hombre y la mujer fueron expulsados, fueron puestos unos querubines (seres vivientes) en la puerta del lado oriental para guardar el árbol de la vida, a fin de que el hombre, en su pecado y su mortalidad, no comiera y viviera para siempre.

4.) Significan el cuidado protector en nuestra vida terrenal.

- Los antiguos rabinos, comentando el segundo capítulo de Números, dijeron que las doce tribus de los hijos de Israel, al marchar tres veces por cada lado del campamento, marchan bajo cuatro banderas, cuatro estandartes, cuatro insignias de los propósitos administrativos y judiciales de Dios.
- El estandarte de Judá era el león, y en ese lado se reunían tres tribus.
- El estandarte de Rubén era un hombre, y en ese lado se reunían tres tribus.
- El estandarte de Dan era un águila volando, y en ese lado se reunían tres tribus.
- El estandarte de Efraín era un buey, y en ese lado se reunían tres tribus.
- Las doce tribus se reunían alrededor de la gloria central de Dios, marchando por el desierto bajo la bandera de un león, un buey, un hombre y un águila, y vemos exactamente eso en Apocalipsis 4:7.
- Así que los cuatro *zoa*, los cuatro seres vivientes, son emblemas del cuidado protector de Dios.

5.) Los cuatro seres vivientes hablan de los atributos de Dios.

- Son descritos como *"llenos de ojos delante y detrás"*, lo cual nos da una idea de la plenitud de la inteligencia espiritual.
- Pueden ver lo que ha ocurrido en el pasado y pueden ver lo que ocurrirá en el futuro.
- Como cuatro es el número de hombre y de la creación, vemos que estos cuatro seres vivientes están asociados con los tratos gubernamentales y judiciales de Dios.

6.) Se comparan con las cuatro presentaciones de nuestro bendito Señor.

- Mateo lo revela como el león de la tribu de Judá
- Marcos lo describe como el siervo, el buey.
- Lucas lo describe como el Hijo del hombre, su identificación con el hombre.
- Juan lo revela como el Hijo de Dios, el águila. Él viene del cielo y regresa de donde vino.

b. ¿Cómo adoran los querubines?

- En los versículos 9-11 vemos que mientras estos cuatro seres vivientes declaran la trina santidad del Señor Dios sentado sobre el trono central, "*los veinticuatro ancianos se postran delante del que está sentado en el trono, y adoran al que vive por los siglos de los siglos*" (4:10)
- Este es el canto de redención. Este cuarto capítulo termina con un canto de alabanza.
- Cuando estos cuatro querubines dan gloria, honor y gracias, los veinticuatro ancianos se postran también para adorar. Así, ahora hay uno que es digno de recibir alabanza de toda la creación, porque vemos en el versículo 11 la razón de nuestro existir cuando leemos las palabras: "*porque tú creaste todas las cosas, y por tu voluntad existen y fueron creadas*".

¿Cuánto recuerda?

1. ¿Qué les sucede a las iglesias al comienzo del capítulo 4?
2. Describa la importancia del versículo: *"he aquí una puerta abierta en el cielo... Sube acá"*. ¿Qué significa esto para los creyentes en el tiempo del juicio?
3. ¿Cuáles son las cuatro razones que apoyan por qué el pueblo de Dios no pasará por la tribulación?
4. ¿Qué es lo primero y central que ve Juan en su visión del cielo? ¿Qué representa para nosotros este elemento central?
5. ¿De qué es un recordatorio el arcoíris que rodea el trono?
6. ¿Quiénes son los veinticuatro ancianos?
7. Describa los rostros de los cuatro seres vivientes y algunas de las muchas conexiones simbólicas que se pueden extraer de ellos.
8. ¿Cómo termina el capítulo 4?

Su tarea para la próxima semana:

1. Lea el capítulo 5 de Apocalipsis.
2. Repase sus notas de esta lección.
3. Subraye su Biblia.

Notas de la lección 6

Lección 7
APOCALIPSIS 5

Los capítulos 4 y 5 en el libro de Apocalipsis van juntos. Hay una división de capítulos para nuestra conveniencia, pero no se debería permitir destruir la continuidad del registro que Juan escribió. Los capítulos 4 y 5 narran las escenas que vio Juan con sus propios ojos cuando contempló la gloria. La escena, según se desarrolla, pone bajo la luz un rollo muy importante que hay en la mano de Dios.

1. El libro sellado con siete sellos
   a. Lo que Juan ve
      - En el versículo 1 veremos que el rollo está *"en la mano derecha del que estaba sentado en el trono"*. Ese libro, o rollo, fue sellado con siete sellos.
      - Recordemos que cuando usamos el término *"libro"*, nos referimos al libro que había en los días de la antigüedad. El rollo era el único tipo de libro conocido cuando se escribió la Biblia.
      - Este rollo, que estaba en la mano de Dios, estaba realmente sellado, literalmente, *"sellado con siete sellos"*.
      - Ahora la visión que Juan vio fue esta: había un rollo enrollado, después una parte sellada, después otra vez enrollado, y sellado, enrollado de nuevo, y sellado, etc., con seis sellos. Después, el séptimo sello sellaba todo el rollo. Cuando se le quitó el sello, el proceso era a la inversa. Cuando el primer sello se rompió, una parte del rollo se pudo desenrollar y leer. Cuando el segundo sello se rompió, otra parte del rollo fue desplegada y leída, y así, hasta que los siete sellos fueron rotos y se abrió todo el rollo.
      - Hay mucho significado en ese libro. A medida que avanzamos por el libro de Apocalipsis, veremos que esta escena es una de las más vitales e importantes de todas las que vamos a ver, según se dibujan en el apocalipsis.
   b. El significado del rollo
      - Hay muchas teorías sobre el significado de este rollo, pero aquí hay cuatro puntos que creo que representa:
         1.) Primero, trae a la escena celestial al Hijo de Dios, el príncipe de gloria, y el redentor de la creación, que es el comienzo de esos eventos finales que llevan a un cielo nuevo y una tierra nueva.
         2.) Segundo, nos presenta al Cordero de Dios. El príncipe de gloria, que lo toma, lo hace en el personaje del Cordero, sacrificado en el altar sacrificial, un Cordero con su sangre derramada sobre la tierra. El carácter de Aquel que viene, el incomparable Hijo de Dios, es el carácter del Redentor, el Cordero sacrificial.
         3.) Tercero, cuando viene para tomar el libro, viene en un personaje y en una obra de la que toda la creación se ha apartado por su indignidad e ineptitud.
         4.) Cuarto, cuando el rollo lo toma la mano de aquel que es el gran Redentor del mundo, toda la creación irrumpe con una canción.
      - Por lo tanto, yo entiendo que la principal, fundamental y primera referencia e importancia de este libro tiene que ver con la redención de universo creado de Dios y todo lo que hay en él. Ese libro es un libro de redención. Es un libro de los hechos finales de Dios con respecto a las cosas que están por venir. Es un libro de juicio; es un libro de los últimos días y de echar a Satanás, al dragón, al infierno; y es la victoria sobre la tumba, la muerte y el pecado.

- Siete es el número de la perfección. Por lo tanto, este rollo contiene la perfecta voluntad y propósito de Dios con respecto a este mundo. Antes de que estos propósitos pudieran ser revelados, había que romper los sellos. Por lo tanto, un ángel fuerte proclamó con una gran voz: "*¿Quién es digno de abrir el libro y desatar sus sellos?* (5:2).
- El versículo 3 nos dice que "*ninguno, ni en el cielo ni en la tierra ni debajo de la tierra, podía abrir el libro, ni aun mirarlo*"

2. "*Y lloraba yo mucho*"

- En el versículo 4 Juan dice: "*Y lloraba yo mucho*". Esto representa las lágrimas de todo el pueblo de Dios a lo largo de los siglos.
- Este versículo, creo yo, está puesto aquí porque describe el dolor de todos los redimidos del Señor y de los que han estado en una posición como la de Juan. Muestra la ternura y el anhelo por el gran Redentor, y, como escribe Juan: "*Y lloraba yo mucho, porque no se había hallado a ninguno digno*" (5:4).
- Después, en el versículo 5, uno de los ancianos dice: "*No llores*". Observemos que es uno de los ancianos, uno de los redimidos, uno de los comprados por sangre. "*Y uno de los ancianos me dijo: No llores. He aquí...*".
- Ese ha sido el clamor de la iglesia a lo largo de los siglos, no lloren, levanten su cabeza, eleven su corazón, miren, contemplen, esperen, el Cordero de Dios, el Salvador del mundo está en camino.

3. El león de la tribu de Judá

- Uno de los ancianos le dijo a Juan: "*No llores. He aquí que el León de la tribu de Judá, la raíz de David* ha vencido para abrir el libro y desatar sus siete sellos" (5:5).
- La frase "*el León de la tribu de Judá*" es familiar y sabemos a lo que se refiere.
- En Génesis 49:8-10, cuando Israel estaba profetizando de sus doce cantos, se giró al cuarto muchacho, Judá, y dijo:

> *Judá, te alabarán tus hermanos; Tu mano en la cerviz de tus enemigos; Los hijos de tu padre se inclinarán a ti. Cachorro de león, Judá; De la presa subiste, hijo mío. Se encorvó, se echó como león. Así como león viejo: ¿quién lo despertará? No será quitado el cetro de Judá, Ni el legislador de entre sus pies, Hasta que venga Siloh; Y a él se congregarán los pueblos.*

- Notemos las palabras "*Hasta que venga Siloh*". En su carácter semejante al león, Él aplasta toda fuerza opositora y establece su reino universal.
- En Isaías 11:10, Romanos 15:12 y Apocalipsis 22:16 encontramos referencia a la raíz y linaje de David. ¿Por qué David y no Moisés, Abraham o Elías? David es escogido porque fue preeminentemente el rey, y ese rey representa el propósito de Dios para su Hijo en la tierra.
- *Él reinará sobre toda la creación. La soberanía de la tierra y la autoridad de toda la creación están en sus manos, la raíz de David, el linaje de David.*
- Abraham es de la promesa, Moisés es de la ley, Elías es de los profetas, pero David es de los reyes. El reino es del Señor. Le pertenece al León de la tribu de Judá, la Raíz y el linaje de David. Él fue el único que pudo vencer para abrir el libro y desatar los siete sellos.

4. El Cordero

- Ahora, en el versículo 6, veamos: "*y en medio de los ancianos, **estaba en pie** un **Cordero** como inmolado*".
- Él vio un cordero. Esa misma palabra se usa dos veces en el Nuevo Testamento. Una vez se usó en Juan 21:15, donde el Señor le pregunta a Pedro si le amaba y Pedro respondió: "tú sabes que te amo". Después el Señor le dijo: "*Apacienta mis **corderos***". La otra ocasión donde se usó es aquí en el libro de Apocalipsis.

- Aquí, en medio de los cuatro seres vivientes, los veinticuatro ancianos y los santos redimidos de Dios, Juan vio un Cordero. El Cordero fue inmolado violentamente. Las señales de sus sufrimientos estaban en su cuerpo. Estaban las marcas en sus manos, en su costado y en su cuerpo: la señal de su sufrimiento.
- Ahora hay algo extraño en este lenguaje, porque Juan dice que el Cordero que vio estaba en pie. De pie, inmolado, destruido, con sangre derramada sobre la tierra.
- Esto tiene un significado importante porque ahí Cristo, el Cordero de Dios, *está de pie*, en medio del trono, preparándose para recibir la soberanía de universo de Dios. Está de pie gracias a su sacrificio tras haberse identificado con nosotros como nuestro familiar redentor; está de pie para adquirir la posesión comprada y para echar fuera a Satanás.
- Él vio al Cordero de pie en la majestad del León, y a la vez en la mansedumbre y ternura del Cordero. La imagen del Cordero es la imagen de nuestro Señor Cristo en su primera venida cuando le escupieron, pero cuando se levanta vemos la importancia de su segunda venida como el Rey de gloria, cuando nos recibirá de nuevo y nos otorgará la plena redención del cuerpo, así como nuestra alma y espíritu.
- Está de pie, el León de la tribu de Judá, y la raíz de David, que es el Señor que todo lo vence, que siempre prevalece.
- Notemos también en el versículo 6 que Juan contempló que *"estaba en pie un Cordero como inmolado, que tenía siete cuernos, y siete ojos"*. Los siete cuernos representan la plenitud de poder que ha sido delegado en sus manos. Los siete ojos representan el conocimiento, vigilancia e inteligencia con la que Cristo cuida de su pueblo, viéndolos, dirigiéndoles y aconsejándoles con respecto al día final, del cual habla aquí el Apocalipsis, cuando Él tomará para sí su gran poder y reino en la tierra.

5. El mayor acto
   - *"Y vino, y tomó el libro de la mano derecha del que estaba sentado en el trono"* (5:7).
   - Ese es el mayor acto en toda la historia de la creación de Dios, en el apocalipsis, y en la historia de la humanidad.
   - En otras palabras, Él levantó el título de propiedad y nos devolvió nuestra herencia perdida.
   - En ese acto está la respuesta a la oración de todos los santos a lo largo de los siglos. En ese acto está el juicio de Dios sobre el pecado, la muerte, la tumba y el infierno.
6. Una doxología
   - La sección de las Escrituras que comienza con el versículo 8 se podría llamar una doxología, una serie de doxologías o un salmo en el cielo.
   - Cuando Él viene para tomar el libro, toda la creación irrumpe con un gozo exuberante y triunfante. Juan describe la adoración comenzando en el versículo 8 y describe tres doxologías:
     a. Primero, los querubines y los veinticuatro ancianos empiezan.
        - Observemos primero la adoración de los redimidos (véase el versículo 8). Este es el momento álgido y lleno de sentido en el que el Cordero de Dios es investido con el reinado del universo, y cuando la herencia está a punto de serle devuelta a la raza caída de Adán.
        - Esto es cuando el Cordero, el único que es digno, toma el libro para desatar los sellos. Después estos veinticuatro ancianos, que representan a los redimidos de Dios a lo largo de los siglos, traen a la memoria ante el Todopoderoso todo lo que los profetas han dicho y todo lo que los santos de Dios han orado.
        - La carga de toda nuestra intercesión está representada en la copa de oro en el incienso. Todo lo que los profetas han prometido y dicho con seguridad consoladora está representado por el arpa. El sumo sacerdote tiene su copa de incienso; el profeta tiene su arpa.

- Cada anciano también tiene una copa dorada de incienso *"que son las oraciones de los santos"* (versículo 8). En la adoración del templo, el sumo sacerdote entraba en el lugar santo, mientras el pueblo se quedaba fuera. El sumo sacerdote llevaba una copa de incienso, y cuando el humo y el perfume que emitía ascendían al cielo, las oraciones del pueblo de Dios eran derramadas sobre el trono del Todopoderoso.

b. Después, la adoración de los ángeles. (5:11-12)
   - En todos los sitios de la Palabra de Dios no se cuenta a los ángeles. Son innumerables.
   - Los ángeles, manteniendo su estación inferior de servicio (y no es algo asombroso que los redimidos de Dios sean mayores que los ángeles, Hebreos 1), no se dirigen al Cordero directamente cuando le hablan. Hablan de Él, no a Él. Dicen: *"El Cordero que fue inmolado es digno de tomar el poder, las riquezas, la sabiduría, la fortaleza, la honra, la gloria y la alabanza"* (5:12).
   - Otra cosa asombrosa es que los ángeles nunca cantan. Aunque nos referimos a los ángeles cantando, no es cierto. Aunque tradicionalmente llamamos a nuestros coros el coro de querubines o el coro celestial, los ángeles en realidad nunca cantan.
   - Siempre, la gente ha hablado sobre los ángeles que cantaron en el nacimiento de Cristo, pero si vamos a Lucas 2:13-14 leeremos: *"Y repentinamente apareció con el ángel una multitud de las huestes celestiales, que alababan a Dios, y* ***decían:*** ¡Gloria a Dios en las alturas, y *en la tierra paz, buena voluntad para con los hombres!"*.
   - Ocurre también aquí en el libro de Apocalipsis: *"Y miré, y oí la voz de muchos ángeles... que decían a gran voz..."* (5:11-12). Nunca en la Biblia los ángeles cantan; siempre hablan.
   - Aquí hay una doxología. Están en un coro, pero es lo que llamaríamos un recital o un coro que habla, porque todos juntos decían, pero nunca dice la Biblia que cantaban.
   - Eso es algo asombroso. Los redimidos son siempre los que cantan. La multitud lavada por la sangre de Dios siempre canta. ¿Por qué los ángeles no?
   - La música está compuesta de acordes mayores y acordes menores. Los acordes menores hablan de la desgracia, la muerte y el dolor, y la mayoría de los gemidos de la naturaleza y gruñidos están en notas menores. El sonido del viento, el sonido de una tormenta, el sonido del océano y la mayoría de los sonidos de la naturaleza están siempre en tono menor. El tono mayor y los acordes mayores son acordes de triunfo y victoria.
   - Él ha puesto una nueva canción en nuestra alma y nuevas alabanzas en nuestros labios, pero un ángel no sabe nada de esto. Un ángel nunca ha sido redimido, y esa es la única razón que puedo encontrar por la que los ángeles nunca cantan. Es el pueblo de Dios el que canta. Se necesita un hombre perdido y caído que haya sido traído de nuevo a Dios, que haya sido perdonado de sus pecados, y que haya sido redimido; se necesita un alma salvada para cantar.

c. Toda la creación se une a la adoración.
   - En el versículo 13, las doxologías crecen en ímpetu y todo lo que Dios ha creado se une en un canto de adoración.
   - Toda cosa creada en la tierra, en la tierra y en el mar, y todo lo que hay en el cielo y en la tierra, alaba al Señor Dios.
   - En el versículo 14, los cuatro seres vivientes dijeron *"Amén"*, y los redimidos, representados por los veinticuatro ancianos, se postraron y le adoraron.

¿Cuânto recuerda?

1. ¿Cuál es la importancia del libro sellado con siete sellos?
2. ¿Quién es capaz de abrir el libro?
3. ¿Cuál es la importancia de la palabra *"en pie"* en la descripción de Juan del cordero inmolado?
4. Describa lo que se considera como el mayor acto del apocalipsis.
5. Nombre las tres partes involucradas en la alabanza de cierre de este capítulo.

Su tarea para la prôxima semana:

1. Lea el capítulo 6 del libro de Apocalipsis.
2. Repase sus notas de este capítulo.
3. Subraye su Biblia.

Notas de la lección 7

Lección 8
APOCALIPSIS 6

Comienza la tribulación. El principio de dolores

1. *"Vi cuando el Cordero abrió uno de los sellos..."* (6:1).
   - En Lucas 4:20 Jesús cerró el libro tras citar Isaías 61:1-2, un cumplimiento de la profecía de la primera venida. Aquí, Él abre este libro hablando de una segunda venida. Busque Lucas 4:19-20:

     ___

     ___

     ___

     ___

     ___
   - En Lucas, Él dejó de leer en *"el año agradable del Señor"*, que está conectado con esta dispensación de gracia.
   - El día de la venganza de nuestro Dios pertenece a su segunda venida: a esta segunda venida y al juicio.
2. El inicio de los juicios
   - En los capítulos 4 y 5 hemos visto un prólogo estableciendo el escenario para el tiempo de la tribulación. La acción concerniente a la tribulación comienza aquí, en el capítulo 6.
   - Comenzando aquí, encontramos que nuestro Señor y Salvador arrebata nuestra legítima herencia de las manos de Satanás. Este es el comienzo de la destrucción de los poderes de las tinieblas y la venida de la luz, vida y justicia eterna.
   - Los siete sellos incluyen los procedimientos del Todopoderoso después de que la iglesia ha sido tomada de la tierra y hasta que regrese con el Señor y reine con Él.
   - Hay tres grupos de juicios: sellos, trompetas y copas. Hay seis sellos de juicios, y el séptimo sello abre las trompetas. Hay seis juicios de trompetas y la séptima trompeta abre los juicios de la séptima copa. Esto hace un total de diecinueve juicios específicos que consideraremos en nuestro estudio del libro de Apocalipsis.
   - Cuando terminan, el juicio de Dios sobre la iniquidad termina. Entonces Satanás es atado y llega el establecimiento del milenio en el que los hijos de Dios reinarán con Él en la tierra.
3. El primer sello se abre (versículos 1-2)
   - Veremos que cuando el primer sello se abre, uno de los cuatro seres dijo: *"Ven y mira"*. La palabra *"ven"* también puede significar "procede", pero en la versión Reina Valera tenemos *"ven y mira"*, como si se le hablara al apóstol Juan.
4. El jinete blanco
   - Busque Apocalipsis 6:2 para ver la descripción de este jinete:

     ___

     ___

     ___

- El primer caballo descrito está en el versículo 2 y es un caballo blanco. Notará que el que se sentó en ese caballo tenía un arco y una corona, y salió venciendo y para vencer.
- En las procesiones triunfales de los tiempos antiguos, el vencedor o conquistador siempre montaba en un caballo blanco. En el capítulo 19 del libro de Apocalipsis, cuando nuestro Señor regresa del cielo, viene montado en un caballo blanco. Los que le siguen, el pueblo de Dios, lavados, victoriosos, le siguen en caballos blancos.
- Por lo tanto, prácticamente todos los comentaristas identificarán a este jinete del caballo blanco de Apocalipsis 6 como Cristo. Pero yo tengo mis dudas; y estas son las razones:
  a. Hay un denominador común sobre los cuatro jinetes de este capítulo. Todos recorren el escenario de la historia humana sobre caballos: uno blanco, otro rojo, otro negro y otro amarillo. Ahora, si el primero es Cristo, entonces está asociado con uno de los eventos más sangrientos y pestilentes que nuestra mente pueda imaginar. No puedo conectar al Señor Jesucristo con la sangre de la guerra, el asesinato y la muerte que siguen al caballo blanco.
  b. Otra cosa a considerar: cuando Jesucristo viene, lo hace en Apocalipsis 19:11 en su consumación y gran día final de coronación y victoria. Miramos al Señor del cielo y Él viene con todo su pueblo. Su regreso no ocurre aquí en el capítulo sexto; sencillamente no encaja.
  c. Cuando comparamos los dos jinetes de los caballos blancos de Apocalipsis 19 y 6, el Hombre que monta el caballo blanco del capítulo 19 tiene en su cabeza *"diademas"* (versículo 12), una palabra griega que no se usa nunca para ningún otro, salvo para la corona de un monarca soberano. Ese es el tipo de corona que uno esperaría ver en la frente del Hijo de Dios. Él viene con una corona y su arma es la espada de la Palabra. Pero el jinete blanco en Apocalipsis 6 no está descrito así. Su corona es la palabra griega *stephanos*, una guirnalda, algo que un hombre podría ganar en la tierra al vencer en una carrera o torneo. Tiene en su mano no una espada de la Palabra de Dios, sino un arco.

5. Comparemos Mateo 24 con Apocalipsis 6
   a. El bosquejo
      - Nuestro Señor nos ha dado, en Mateo 24, un bosquejo de estos últimos tiempos. Si el Apocalipsis es un retrato de los tiempos finales, entonces debiera encajar perfectamente con el bosquejo de nuestro Señor en Mateo 24. Observemos el bosquejo en Mateo 24 empezando desde el versículo 4.
        1.) Primero, Jesús dice, en respuesta a la pregunta de los discípulos de cuál será la señal de su venida y el fin del mundo: *"Mirad que nadie os engañe. Porque vendrán muchos en mi nombre, diciendo: Yo soy el Cristo; y a muchos engañarán"* (Mateo 24:4-5). Lo primero que el Señor dice sobre este bosquejo de la historia es que "habrá muchos falsos cristos".
        2.) Lo segundo que dice en este bosquejo es: *"Y oiréis de guerras y rumores de guerras... Porque se levantará nación contra nación, y reino contra reino"* (versículos 6-7). Este es el caballo rojo; el caballo de sangre.
        3.) Lo tercero que dice en este bosquejo es: *"y habrá hambres"* (versículo 7). Este es el caballo negro. Jeremías dice en Lamentaciones 5:10: *"Nuestra piel se ennegreció como un horno a causa del ardor del hambre"*.
        4.) Lo cuarto que Cristo dice: *"y habrá pestes"* (versículo 7). Este es el cuarto caballo de muerte, después del derramamiento de sangre, guerra y hambres.

b. El jinete identificado
    - Si puedo confiar en lo que dice el Señor en Mateo 24, entonces tengo la identificación de estos cuatro jinetes de Apocalipsis 6.
        1.) El primer jinete representa al gran engañador; el último y gran anticristo. Los ojos de todas las naciones de la tierra están sobre él.
        2.) El segundo jinete representa las guerras indescriptibles del jinete rojo.
        3.) El tercer jinete es un hambre espantosa que inevitablemente acompaña a la guerra.
        4.) El cuarto jinete es pestilencia y muerte, la tumba tragándose a sus incontables víctimas.

6. Los caballos
    a. El caballo blanco
    - Primero, el Señor dice que aparecerá en escena el gran engañador, y él es la obra maestra de Satanás. Satanás es un gran imitador, así que cuando viene en este caballo blanco, imita al Señor Jesucristo aquí. Así como Cristo es el Hombre de Dios en carne, Satanás tiene su hombre.
    - Su anticristo supremo finalmente aparecerá cuando el pueblo de Dios sea tomado y comiencen los días de la terrible tribulación. En la inquietud de las naciones, la revolución de las masas y en la posibilidad de una guerra catastrófica, lo primero que ocurrirá es la aparición del gran dictador final, como se describe en Apocalipsis 6:1-2.
    - Él promoverá la paz. Traerá con él todo tipo de influencia y prosperidad, y las naciones y la gente de la tierra acudirán en masa a él. Viene montado en un caballo blanco, venciendo y para vencer. Todos los recursos militares, económicos y políticos del mundo estarán a su disposición.
    - Cuando hacemos esta identificación, encontramos que encajará con cada profecía de la Biblia milimétricamente. Por ejemplo, en 2 Tesalonicenses 2:3-4 Dios dice que después de la caída, y después de que el pueblo de Dios haya sido tomado, el hombre de pecado será revelado. Así que esto es lo primero que ocurre.
    - Hemos tenido un patrón de hombres así a lo largo de la historia como este anticristo. Hemos sobrevivido a algunos de ellos, como Hitler, Mussolini, Stalin y muchos más. Todos siguen el mismo patrón, pero son meros bocetos del gran anticristo postrero. Él vendrá primero como amigo de la humanidad, el patrón de la iglesia católica y como amigo de la nación y el pueblo judío. Él dará a cada uno lo que quiera y sacará a este mundo de la deuda, la guerra y la incesante revolución mediante la que fermenta. Los llevará a grandes alturas, en un caballo blanco, porque es el gran dictador del mundo y el líder soberano de la tierra.
    - No olvidemos que este primer caballo, el caballo blanco, es el anticristo. Márquelo en su Biblia junto a Apocalipsis 6:1-2 y Apocalipsis 13:1-10.

    b. El caballo rojo
    - El caballo blanco es el líder, pero no monta solo.
    - Lo que inevitablemente sigue después, está detallado aquí en el Apocalipsis. El segundo de los seres vivientes dijo: *"Ven y mira"* (6:3). Entonces, *"salió otro caballo, bermejo; y al que lo montaba le fue dado poder de quitar de la tierra la paz, y que se matasen unos a otros; y se le dio una gran espada"* (6:4).
    - El jinete bermejo, o rojo, representa no solo una nación alzándose contra otra nación y reino contra reino, sino más concretamente la terrible matanza de clase contra clase y parte contra

parte, como en una guerra civil. Hay asesinatos y derramamiento de sangre. El jinete rojo baña la tierra en sangre.

- *"y que se matasen unos a otros…"*: americanos matando a americanos, franceses matando a franceses, y así. Todo el mundo estará en una agitación de sangre y revolución.

c. El caballo negro

- Después viene el caballo negro en los versículos 5 y 6. Este es el caballo del hambre. Esto representa la catástrofe financiera mundial.
- Con el surgimiento de la guerra en todo el mundo, la comida, el combustible y otros suministros para la vida serán cada vez más escasos.
- Notemos en el versículo 5 que el que se sentó en el caballo tenía una balanza, lo cual indica la escasez de la comida, porque la comida será pesada con el mismo cuidado que el oro.
- Lo que atemoriza es que la ración de trigo de ese tiempo costará un centavo, o un denario, el equivalente bíblico a todo el salario de un día de un trabajador promedio (véase Mateo 20:2). Normalmente, con un denario se comprarían ocho medidas de trigo o veinte medidas de cebada. Bajo estas condiciones de hambruna, el mismo salario comprará una medida de trigo o tres de cebada. En otras palabras, habrá una octava parte del suministro normal de comida.
- La frase *"pero no dañes el aceite ni el vino"* es un giro irónico en esta situación tan terrible. Aparentemente, la comida de lujo no sufrirá escasez, pero, por supuesto, la mayoría de la gente no podrá permitirse el lujo de comprarla.
- A medida que esta condición de precios elevados y la devaluación del dólar continúe acelerándose, no es difícil imaginar cómo el mundo llegará a la condición tan gráficamente descrita aquí en Apocalipsis 6:4-5.

d. El caballo amarillo

- El cuarto caballo es el caballo de la muerte, que vemos en los versículos 7 y 8.
- Este es el mismo color que se describe en el Antiguo Testamento como el color de la lepra.
- Notemos que en el versículo 8 él tiene la espada, con hambre, con muerte y con fieras. Pasma la imaginación darse cuenta de que una cuarta parte de la población del mundo será destruida en cuestión de días. ¡Son miles de millones de personas!
- Los medios de exterminio son cuatro elementos: 1- la espada (guerra), 2- hambre (hambrunas), 3- muerte (plagas, infecciones y enfermedades), 4- fieras desatadas de la tierra.

7. El sello del mártir (Apocalipsis 6:9-11)

a. El quinto sello

- La apertura del segundo, tercer y cuarto sellos son los juicios de Dios que vendrán cuando el mundo acepte al dictador que está descrito en el primer sello.
- Mirando hacia adelante, encontraremos que el sexto sello es un sello del día del juicio de Dios, y el séptimo sello son las siete trompetas de los juicios de Dios.
- Con la apertura del quinto sello, vemos algo que la mayoría de la gente evitaría: saber que un incontable número de personas sufrirán por su testimonio con persecución y martirio durante la tribulación.
- Los que crean, después de que la tribulación haya comenzado, serán fáciles de identificar. El anticristo exigirá que todos los hombres de la tierra lo adoren como Dios. A todos los que rehúsen profesar su lealtad recibiendo la marca identificativa del anticristo se les prohibirá comprar o vender. Encontramos esto en Apocalipsis 14:9-11, lo cual advierte que todo el que

reciba la marca de la bestia sufrirá a manos del Dios todopoderoso mientras que los que no la reciban sufrirán la ira del anticristo.

- El quinto sello es también un sello de juicio. Los que son martirizados han dado testimonio de la visitación de la ira de Dios, y en su estado desprovisto de cuerpo, como almas, clamarán por ese día de venganza.
- Este quinto sello es distinto de los demás en que no vemos la acción misma, sino el resultado de la acción, el resultado de lo que ha ocurrido. En los otros sellos, a medida que son desatados vemos el juicio en desarrollo, pero aquí no. Esto es el resultado de lo que ha ocurrido. Juan ve, bajo el altar, las almas de los que ya han sido sacrificados.

b. ¿Quiénes son estos mártires?

- ¿Por qué las almas de estos mártires están bajo el altar del cielo? Cuando claman a Dios, preguntan: *"¿Hasta cuándo, Señor, santo y verdadero, ¿no juzgas y vengas nuestra sangre en los que moran en la tierra?"* (6:10).
- Así, estos mártires son un grupo especial, y sus asesinos aún viven en la tierra. Por lo tanto, no son los mártires de todos los tiempos que perdieron su vida a lo largo de la historia. Sabemos que no son las almas de los que han sido martirizados a lo largo de los siglos porque, en el capítulo 4, Juan ve a los veinticuatro ancianos alrededor del trono de los santos de Dios, y estos veinticuatro ancianos representan a los santos de Dios que han sido raptados.
- Estos, entonces, son los mártires que perdieron su vida bajo los cuatro primeros sellos del capítulo 6: la primera mitad de la tribulación.
- Los mártires de la última mitad de la tribulación son nombrados en el versículo 11: *"Y se les dieron vestiduras blancas, y se les dijo que descansasen todavía un poco de tiempo, hasta que se completara el número de sus consiervos y sus hermanos, que también habían de ser muertos como ellos"*. Esto se refiere a los que han de ser muertos en la última mitad de la tribulación. Los que están debajo del altar están descansando, esperando a otros que han de morir.
- Al final de la gran tribulación, y al comienzo del milenio, en Apocalipsis 20:4, encontraremos a todos los mártires de pie en la presencia de Dios y preparándose para reinar con el Señor durante mil años.
- Así que estos son los que han perdido su vida bajo esos terribles baños de sangre tras la apertura de los cuatro primeros sellos.

c. El altar

- Juan dice: *"vi bajo el altar ..."* (6:9).
- Conocemos la historia del tabernáculo, y al igual que el tabernáculo terrenal, el tabernáculo celestial tiene dos altares, ambos descritos en la Biblia.
- Está el altar de bronce, que es el altar del sacrificio, y está el altar de oro, que es el altar donde se quema el incienso y para la oración.
- Al que nos referimos aquí en nuestra lección es el altar del sacrificio, el altar de bronce que estaba en los atrios del tabernáculo y del templo.
- La Palabra de Dios siempre presenta a todos los cristianos la idea de que tenemos que ofrecernos. Debemos sacrificarnos por la Palabra y por el testimonio del Señor Jesucristo. Esta idea se puede encontrar a lo largo de las Escrituras.
- Juan dice aquí: *"vi bajo el altar las almas de los que habían sido muertos por causa de la palabra de Dios"*. En otras palabras, el sacrificio ya se había hecho y la acción había pasado; la vida había sido derramada.

d. ¿Por qué fueron sacrificados estos mártires?

- Entregaron sus vidas para el Señor y el Señor los vio como suyos. Son sus mártires. Fueron sacrificados *"muertos por causa de la palabra de Dios y por el testimonio que tenían"* (6:9).
- En Apocalipsis 1:9 se dice que Juan fue exiliado a Patmos *"por causa de la palabra de Dios y el testimonio de Jesucristo"*. Pero estos son sacrificados por la Palabra de Dios y por el testimonio que tenían. Es un poco distinto. Juan fue exiliado por la Palabra y por el testimonio de Jesús, pero estos fueron muertos por la Palabra de Dios y el testimonio al que se aferraron.
- Estos son los mártires que clamaron a Dios. Han muerto por causa de Cristo.

e. *"Y clamaban a gran voz, diciendo: ¿Hasta cuándo, Señor, santo y verdadero, ¿no juzgas y vengas nuestra sangre en los que moran en la tierra?"* (6:10).

- Y la respuesta a la pregunta de los mártires está en el versículo 11: *"que descansasen todavía un poco de tiempo, hasta que se completara el número de sus consiervos y sus hermanos, que también habían de ser muertos como ellos"*.
- Nunca hay un tiempo en el que Dios no tenga a sus verdaderos siervos en la tierra. Estarán hablando, predicando y declarando la Palabra del Señor, y cuando estos, que fueron martirizados, estén en el cielo, Dios dice a sus mártires en el cielo: "Ahí abajo en esa tierra sangrienta hay otros consiervos, hermanos suyos que están declarando el evangelio de Cristo y dando testimonio de la verdad del Todopoderoso. También serán muertos, y serán mártires de la fe".
- Toda esta tragedia sucede en el propósito elegido de Dios. Dios tiene su libro, y en su libro están los nombres de los que serán martirizados. Dios sostiene en sus manos el sufrimiento, la sangre y la furia, y a la vez, todo ello está en el plan de Dios.
- Quizá no lleguemos a entender del todo por qué es esto así. ¿Por qué este sufrimiento? ¿Por qué mártires? No lo sabemos, salvo que hay un misterio del mal que solo Dios conoce. Nuestras mentes son finitas, limitadas, pero sabemos que Dios nos eligió como pueblo. En la providencia de Dios, y en la vida y elección del Todopoderoso, está decretado que se nos permita sufrir por el mal. Por eso tenemos el Apocalipsis; Él está trayendo su reino justo, y está trayendo la consumación grande y final de la nueva tierra, el nuevo cielo y el nuevo pueblo.

8. El gran día de su ira (6:12-17)

- El sexto sello no es el fin de la historia sino el comienzo del fin. Es el precursor de ese día de consumación final.
- Como mencioné antes, el libro de Apocalipsis sigue un bosquejo amplio del capítulo 24 de Mateo, que presenta el discurso apocalíptico de nuestro Señor. Nuestro Señor a la vez sigue el patrón del libro de Daniel. En el capítulo 9 de Daniel, el profeta divide el fin de los tiempos en dos partes iguales, lo llama la semana setenta de Daniel. Divide la semana que trae el fin del mundo en dos mitades, es decir, tres años y medio como la primera parte y tres años y medio como la segunda parte.
- Nuestro Señor sugiere esa división de tiempo en su discurso apocalíptico en Mateo 24:8-21. La primera parte la llama *"principio de dolores"* (versículo 8), y la segunda parte la llama *"gran tribulación"* (versículo 21).
- Así que llegamos al sello número seis y el comienzo del fin. Este es el fin de los primeros tres años y medio. Este es el fin del principio de dolores. Estos primeros seis sellos entonces cubren ese periodo de tiempo de la primera mitad de esa semana final. El séptimo sello abre la gran tribulación.

a. Un breve resumen, para que podamos ver el desarrollo final de cómo Dios trabaja:

- El primer sello presenta al dictador final, el hombre de pecado. La historia de estos llamados gobernantes o salvadores del mundo está escrita con sangre, lágrimas, guerra y muerte. Después de que el anticristo y dictador entre en escena, seguirá la guerra.

- El segundo jinete del apocalipsis es rojo. Tiene en su mano una gran espada, y el mundo está bañado en sangre.
- El tercer jinete del tercer sello sigue después en un caballo negro, y hay hambre y escasez en la tierra.
- El cuarto jinete del cuarto sello sigue con pestilencia y la plaga negra. Hay muerte, con tumbas abiertas que tragan a la vasta multitud de la humanidad.
- Después se abre el sello número cinco. Con este sello la acción no se ve, pero Juan contempla las almas de los que han sido martirizados por el testimonio de Dios y por la fe de Jesús que ellos defendieron.

b. El sexto sello

- Este sexto sello es el comienzo del juicio final del cielo. El resto del libro de Apocalipsis describe la administración judicial de Dios al tratar con el pecado.
- En el sexto sello hay cuatro fenómenos físicos que impactan, paralizan y aterran.
- La apertura del sexto sello está descrita en Apocalipsis 6:12. Busque este versículo:

____

____

____

____

____

- La palabra griega *seismos*, que significa "temblar, sacudir y agitar", por lo general se traduce en la Biblia, como ocurre en el versículo 12, como *"terremoto"*. El significado subyacente de la palabra hace referencia a un fuerte temblor. En el siguiente versículo, cuando el autor asemeja todo el universo de la creación de Dios a una higuera, dice que el árbol será sacudido por un fuerte viento. La palabra griega para *"sacudida"*, *seio*, se deriva de la misma palabra previamente traducida como "terremoto" en el versículo 12.
- Juan continúa con su descripción de la apertura del sexto sello en el versículo 12, diciendo: *"y el sol se puso negro como tela de cilicio"*, negro como una tienda beduina. Cuando el Salvador murió, el juicio de Dios cayó sobre nuestro pecado humano. Todo el sol se oscureció y hubo tinieblas sobre la faz de la tierra. En el día del juicio de Dios sobre Egipto, hubo una noche negra que se podía sentir. Era oscura, terrible y aterradora. Cuando el Señor descendió en el Monte Sinaí, la montaña quedó cubierta en la negrura del humo, una parte de la señal de la presencia judicial de Dios.
- Juan continúa la descripción: *"y la luna se volvió toda como sangre"*. La misma descripción se encuentra en Mateo 24:29. Busque este versículo:

____

____

____

____

____

____

- Juan continúa en el versículo 13: *"y las estrellas del cielo cayeron sobre la tierra"*. Juan vio la tierra y toda la creación como una higuera que es sacudida por un fuerte viento. Así Dios sacudirá su creación.
- *"Y el cielo se desvaneció como un pergamino que se enrolla; y todo monte y toda isla se removió de su lugar"* (6:14). La configuración y topografía de esta tierra cambian cuando toda montaña y cada isla es removida de su lugar. ¡Qué día será ese!

c. ¿Qué significan estas señales?

- Encontramos estas señales descritas exactamente así en el discurso apocalíptico de nuestro Señor en Mateo 24. Estas cosas las describió como el principio de dolores, y se dibujan aquí en los primeros seis sellos de Apocalipsis.
- Él habla de hambre y pestilencias, de guerras y terremotos. Por eso el Señor Jesús habló de ello como está escrito aquí en el Apocalipsis.
- Nuestro Señor hace referencia al tiempo en el que el sol se oscurecerá y la luna no dará su luz, las estrellas caerán de los cielos y el poder del cielo será conmovido: *"Entonces aparecerá la señal del Hijo del Hombre en el cielo"* (Mateo 24:30).

d. ¿Qué hacen los que viven en la tierra en ese gran día de juicio del Señor?

- La Biblia dice que están aterrados; reyes, grandes hombres, ricos, principales capitanes, hombres poderosos, siervos y libres, todos están aterrados y se esconden en las rocas y montañas. Esto se puede leer en el pasaje de Apocalipsis 6:15-16.
- Al contemplar lo que está sucediendo, usan una frase que es profunda y tiene un gran significado eterno: *"escondednos... de la ira del Cordero; porque el gran día de su ira ha llegado"* (6:16-17). ¡Qué frase! Porque un cordero es una criatura mansa y humilde que uno podría llevar en sus brazos, y a la vez, dicen, *"el gran día de su ira ha llegado"*. Dios, el Cordero, el Salvador que murió por nuestros pecados, es también el Señor que está lleno de ira y juicio hacia los que rechazan sus ofrecimientos de gracia y perdón.
- A medida que la ira del cielo crece en intensidad mediante el resto de los juicios de Dios descritos en el libro de Apocalipsis, estos hombres malos se vuelven duros, muy duros.
- Recordemos que el juicio no salva al hombre. Solo la gracia de Dios puede cambiar un corazón humano y salvar un alma humana. Estos hombres condenados bajo el sexto sello no acudieron a Dios, quien podría salvarles, sino a las rocas para que les escondieran del rostro de Aquel que se sienta en el trono, y de la ira del Cordero: "porque *el gran día de su ira ha llegado; ¿y quién podrá sostenerse en pie?"* (6:17).

¿Cuânto recuerda?

1. Resuma brevemente los eventos del capítulo 6.
2. En este capítulo comienzan los juicios. Cuando se abre el primer sello, ¿qué dicen los seres?
3. Describa cada jinete y lo que representan.
4. Algunos dicen que el jinete del primer caballo, el caballo blanco, es Cristo. ¿Cuáles son las razones para creer que no es, y quién es, de hecho, este jinete?
5. ¿En qué se diferencia el quinto sello, el sello de los mártires, del resto de los sellos?
6. Describa dónde cae el sexto sello en la división de tiempo del discurso apocalíptico del libro de Mateo.
7. ¿Cuáles son algunos de los eventos aterradores que acompañan al sexto sello?

Su tarea para la próxima semana:

1. Lea Apocalipsis capítulo 7.
2. Escriba cualquier pregunta que tenga sobre el capítulo 7 según lo lee.
3. Repase sus notas de esta lección.
4. Subraye su Biblia.

Notas de la lección 8

Lección 9
APOCALIPSIS 7

Un interludio: Los 144 000

- En el capítulo 7 encontramos una división en dos partes. Las primeras palabras en el versículo 1 son: *"Después de esto vi…"*. Y de nuevo en el versículo 9: *"Después de esto miré* [o vi]*"*.
- La primera visión tiene que ver con los hijos de Israel; la segunda visión tiene que ver con la gran multitud de todo tipo de personas y lenguas, y tiene que ver principalmente con los gentiles.
- La imagen aquí es gráfica. Toda la turbulencia la mantiene aplazada por un breve tiempo el Señor Dios Todopoderoso. Hemos visto la apertura de los seis primeros sellos y parte del horror que ha caído sobre la tierra. Este pasaje, todo el capítulo, es un interludio, situado aquí entre la apertura del sexto sello y la apertura del séptimo sello.
- El séptimo sello será abierto al principio del capítulo 8, pero el comienzo de ese periodo de gran tribulación final está dividido entre el *"principio de dolores"* y *"la gran tribulación"* por este interludio.

1. La primera visión
   - La primera parte del capítulo 7 tendrá que ver con los 144 000 sellados de todas las tribus de los hijos de Israel (véase Apocalipsis 7:1-8).
   - El capítulo comienza con Juan viendo cuatro ángeles de pie en las cuatro esquinas de la tierra, sosteniendo los cuatro vientos de la tierra.
   - Sabemos que el número cuatro es el número del mundo, y aquí encontramos una repetición de ese número en estos versículos. Los cuatro ángeles de pie en las cuatro esquinas de la tierra son los cuatro cuartos de la tierra representando la administración universal de Dios.
   - Los cuatro ángeles en el versículo 1 han recibido aparentemente autoridad sobre las condiciones climatológicas de la tierra. El viento cambia el patrón de todo el clima. Están ocurriendo y seguirán ocurriendo cambios radicales.
   - Notaremos en el versículo 2: *"los cuatro ángeles, a quienes se les había dado el poder de hacer daño a la tierra y al mar"*. Este mal será sobre la tierra, el mar y los árboles.
   - Muchas de las profecías relativas a la tribulación indican extrañas condiciones del clima y tormentas de intensidades sin precedentes. Jesús predijo estas cosas extrañas con respecto a la relación de la tierra con el sol y la luna y las estrellas en Mateo 24, así como en Lucas 21. Durante este periodo, las condiciones climatológicas cambiarán radicalmente.
2. Gracia antes que juicio (versículo 3)
   - Antes de que a los ángeles se les permita ejecutar su juicio alterando los patrones del viento, otro ángel aparece en el versículo 2. Este ángel tiene el sello del Dios viviente con el que sella a los siervos especiales de Dios que serán sus testigos durante el periodo de la tribulación.
   - Dios nunca se ha permitido estar sin testigos en la tierra que proclamen su forma de recibir perdón y aceptación. El vacío espiritual dejado por la retirada de todos los verdaderos cristianos en el rapto de la iglesia se llenará rápidamente con estos 144 000 judíos *"siervos de nuestro Dios"* (7:3).
   - Los actos de sellar significan dejar una marca en cera con un anillo firmado. Esto se hacía en las transacciones comerciales antiguas de todo tipo y significaba que lo que estaba sellado pertenecía a aquel que había dejado su marca. La idea de una marca visible de propiedad y garantía de protección es algo inherente en la Palabra de Dios.

- En el Nuevo Testamento, el sello de Dios es el Espíritu Santo mismo. El sello de Dios, el Espíritu, da un poder especial a esos siervos para realizar una misión en particular. Apocalipsis 7:3 habla de una marca visible sobre la frente de los siervos. Busque este versículo:

____

____

____

____

- Puede estar seguro de que esta marca estará en claro contraste con la que los seguidores del anticristo recibirán cuando le prometan su lealtad. Una persona podría ser un "creyente secreto" hoy, pero en esos días, el pueblo de Dios realmente será de "personas marcadas".
- Y así, por causa de estos siervos, este interludio aquí en el capítulo 7 lo produce el Señor Dios. Encontramos la misericordia, la gracia y el amor de Dios revelados a sus elegidos.

3. El número: 144 000 (versículo 4)
   - Este número de 144 000 es uno de los números simbólicos de la Biblia, un número sobre cuya identificación se ha debatido considerablemente.
   - Por ejemplo, un grupo (los Adventistas del séptimo día) dicen que estos 144 000 pertenecen a su propia comunidad, que guardan el día de reposo judío cuando el Señor vuelva de nuevo y sean raptados en gloria.
   - Otro grupo (los Testigos de Jehová) dicen que estos 144 000 pertenecen a ellos. Se salvarán en los últimos tiempos. Son los grandes vencedores, y cada uno de estos individuos está tratando de ser uno de ese número elegido. Por eso los ve predicando en las esquinas de las calles y llamando a las puertas.
   - Hay teólogos, cientos de ellos, que identifican a este grupo descrito en Apocalipsis 7 como la verdadera iglesia. Siento que esto no puede ser así porque, en primer lugar, hemos visto la iglesia, bajo el nombre de los redimidos, raptada en el cielo, donde son coronados, vestidos y entronados.
   - Para nuestro estudio, tomaremos el texto tal y como está escrito. Esto es lo que dijo Dios, así que lo aceptaremos literalmente. Lea Apocalipsis 7:4 para saber exactamente lo que Dios dijo y lo que quiso decir:

____

____

____

____

- Los 144 000 son de todas las tribus de los hijos de Israel.
- La Biblia dice que los doce mil de cada tribu de los hijos de Israel serán sellados. En la Biblia, la palabra "*doce*" con referencia al pueblo de Dios siempre se refiere a Israel. Doce es su número. Hay doce tribus.
- Así que aquí están los doce mil sellados, elegidos y llamados de las doce tribus de los hijos de Israel.
- Ese sello no es algo único o particular, porque en toda la Biblia encontramos al Señor poniendo una marca, un sello sobre los que le pertenecen. En los días de Abraham, la marca estaba en la carne con el rito de la circuncisión. En los días del éxodo de Egipto, la marca estuvo sobre los dinteles de las puertas. En el día de Rahab, fue la cuerda granate colgando de la ventana. En Apocalipsis 13,

el anticristo tiene una marca que pone en la mano derecha y en la frente de los hombres. Así que el hecho de sellar, o marcar, no es algo extraño en la Biblia.

4. ¿Por qué son marcados o sellados estos 144 000?
   - Hay grandes razones espirituales por las que Dios hace lo que hace, y hay grandes razones espirituales por las que Dios selló a estos doce mil de cada una de las tribus de Israel.
   - Son escogidos por una razón muy concreta, un propósito elegido de Dios.
   - Al sellar a los 144 000, serán investidos con un poder pentecostal, y el Espíritu Santo de Dios, en unción y en gloria, vendrá sobre ellos.
   - ¿Qué tipo de sello será este y cómo aparecerá? ¿Cómo sabremos que uno de estos hombres ha sido sellado por Dios? Creo que será algo parecido a Moisés, cuando los israelitas le vieron descender del monte después de haber tenido comunión con Dios durante cuarenta días y cuarenta noches. Había una gloria en él; había una unción en él y su rostro resplandecía como el sol. Yo diría que sería como Esteban cuando se puso en pie en el sanedrín en medio de sus asesinos. No pudieron soportar el poder y la sabiduría con la que hablaba. Esa misma gloria estará sobre los 144 000.
5. ¿Qué hay con respecto a la diferencia en esta lista en comparación con otras tribus mencionadas en las Escrituras?
   - Aparentemente hay problemas en esta lista de las doce tribus de Israel.
     a. La primera es la inclusión de Leví entre las doce tribus.
        - Normalmente, como Leví era la tribu sacerdotal, era considerada sin herencia entre las doce tribus. Quizá está incluida aquí porque la función sacerdotal cesó con la venida de Cristo.
     b. El segundo problema es la mención de José en lugar de Efraín.
        - Normalmente se menciona tanto a Manasés como a Efraín, ya que ambos recibieron una porción de territorio igual al resto de las tribus. Por supuesto, doce es el número de esta lista, pero bajo los nombres de José y Manasés en vez de Efraín y Manasés.
     c. El tercer problema tiene que ver con la omisión de Dan de la lista.
        - La razón usual dada para esta omisión es que Dan fue culpable de dirigir a Israel a la idolatría junto a Efraín (véase Levítico 24:11; Jueces 18:1-2; 1 Reyes 12:30).
        - Muchos han sugerido que el anticristo podría venir de esta tribu de Dan y que esto explicaría su omisión de la lista. Sea cual sea la razón de la omisión de Dan de las tribus de las que saldrán los 144 000, este no es el final del trato de Dios con esa tribu.
        - Los danitas recibirán una porción de la tierra durante el reino del milenio. Sin duda, en Ezequiel 48:1, Dan encabeza la lista de las tribus cuando se les divide la herencia.
        - Miembros individuales de estas tribus ciertamente pueden ser llevados al reino de Dios por fe, pero no recibirán una parte del gran esfuerzo evangelístico durante la tribulación.
6. ¿Cómo se convierten los 144 000?
   - Quizá se pregunte: "Si todos los cristianos han sido llevados del mundo en el rapto, ¿cómo se van a salvar estos evangelistas?". Hay varias formas:
     a. Algunos judíos habrán recibido el testimonio de algunos de sus amigos cristianos, y seguro que habrán oído algo sobre la profecía relativa a la desaparición de la iglesia.
     b. Otros seguramente se quedarán perplejos por el extraño fenómeno de la desaparición de la gente y no aceptarán las razones que les den varios grupos satánicamente inspirados. Buscarán una respuesta sincera.

- Es importante recordar que el Espíritu Santo seguirá operando en su papel de atraer a la gente a Jesús; sin embargo, se relacionará con los creyentes como lo hizo durante los tiempos del Antiguo Testamento. Él regenerará el espíritu humano de esos 12 000 de las doce tribus y morará en ellos, y les capacitará para un servicio especial.

7. La multitud vestida en ropas blancas (emblanquecidas en la sangre del cordero): La segunda visión (versículos 9-17)

- Ahora llegamos a algunos de los resultados de la obra de los 144 000 predicadores judíos.
- Observemos en el versículo 9 que Juan dice: *"Después de esto* [después de la selección y después de haberlos sellado] *miré, y he aquí una gran multitud, la cual nadie podía contar, de todas naciones y tribus y pueblos y lenguas, que estaban delante del trono y en la presencia del Cordero, vestidos de ropas blancas, y con palmas en las manos"*.
- Se preguntará: "¿Quién es la gran multitud incontable, y de dónde proviene?". Encontrará la respuesta leyendo las Escrituras y uniendo todo el texto. La clave pertinente para estos versículos se encuentra en los versículos 13-14.
- Juan no había dicho nada y no hay ninguna conversación escrita, pero uno de los ancianos responde, diciendo que reconoció la perplejidad y el asombro de Juan en cuanto a la gran multitud. Y así, el anciano dice lo que Juan estaba pensando: "¿Quiénes son estas personas con vestiduras blancas?". Y Juan dijo: "Señor, no lo sé".
- Porque si esta multitud representa a la iglesia, los salvados, los redimidos de Cristo, no habría perplejidad por parte de Juan.
- Así, los 144 000 sellados de las doce tribus *no son* el mismo grupo que se describe aquí al comienzo del versículo 9. Estos son dos grupos separados y distintos. Ninguno de los dos son la iglesia, y permítame ilustrar por qué:
    a. La iglesia fue *guardada* de la gran tribulación (3:10). Esta multitud *salió* de la gran tribulación (7:14).
    b. La iglesia se sentará en tronos alrededor del trono; estos están de pie ante el trono (7:9,15).
    c. La iglesia viste coronas; estos no tienen coronas.
    d. La iglesia tendrá arpas y copas (5:8); estos tienen ramas de palmera en sus manos (7:9).
    e. La iglesia cantará una nueva canción; estos claman a gran voz (7:10).
    f. La iglesia serán reyes y sacerdotes y reinarán con Él (1:6, 20:6); estos le sirven día y noche (7:15).
- Y por eso, las palabras *"Estos son los que han salido de la gran tribulación"* (7:14) son muy importantes. Estos, entonces, son los santos de la tribulación. Estos son los que Dios ha salvado, en su misericordia, durante estos días oscuros.
- Incluso en estos días oscuros y trágicos, en ira, Dios recuerda su misericordia. Él elige a los 144 000 y los sella, los empodera para ese día horrible y final. Hay algunos que, escuchando a estos predicadores, acuden en fe al Mesías y lavan sus vestidos y los hacen blancos en la sangre del Cordero.
- Tres veces distintas en este corto pasaje se mencionan sus ropas blancas (7:9, 13, 14). La palabra griega *stola* se refiere a una vestidura externa, llevada para dignidad, gracia, belleza y distinción. Esa es la misma palabra usada aquí, y la usamos hoy para la palabra *estola*. Aquí se refiere a la túnica externa que llevan aquellos a los que Dios ha comprado con su sangre y que han sido limpiados y purificados. La base de su fe es el hecho de que han mirado con fe, arrepentimiento y confianza al Cordero expiatorio de Dios.
- Las palmas en sus manos es una referencia del Antiguo Testamento a la fiesta de los tabernáculos, cuando los profetas se sentaban en tiendas y llevaban hojas de palmeras, llamados a recordar la

liberación de Dios de la oscuridad de servidumbre de Egipto. En Nehemías 8:17 el pueblo también se regocija por la liberación de la cautividad babilónica, alabando a Dios con palmeras en sus manos.

- Notemos en los versículos 15-16, que esta multitud está delante del trono de Dios y que le sirven día y noche. Y después, en el versículo 16, encontramos algunas cosas negativas, como que *"Ya no tendrán hambre ni sed, y el sol no caerá más sobre ellos, ni calor alguno"*. Estas cosas negativas a menudo se usan en Apocalipsis. En griego, cuantos más negativos se usen, más enfático es el significado del mensaje.
- Estos santos de la tribulación no deben ser comparados con los que son parte de la novia de Cristo, los que en este día de gracia tenemos la oportunidad de aceptar a Cristo ahora.
- La iglesia son los ancianos entronados. Como creyentes hoy, tenemos la oportunidad de estar entre los ancianos entronados. Es mucho mejor ser un rey que un siervo, mejor estar sentado en un trono que estar de pie delante de un trono, mejor tener una corona sobre nuestra cabeza que una hoja de palmera en nuestra mano. Del mismo modo, es mejor para nosotros ahora tener la oportunidad de estar delante de la presencia entronada de Dios como parte de la novia de Cristo, un miembro de la iglesia, que ser uno de los 144 000 santos de la tribulación.
- Esta es nuestra oportunidad actual. Los santos de la tribulación se lo perderán y tuvieron que esperar hasta ser lanzados al diluvio y el baño de sangre de un gran juicio. De ese dolor, prueba y martirio, fueron llevados al cielo para estar en la presencia de Dios. Nunca son parte de los ancianos entronados, o de la verdadera novia de Cristo. Serán los invitados de la novia y del Novio. Esa es la diferencia entre la dispensación de la gracia y la obra de Dios después de que la iglesia haya sido retirada.

¿Cuânto recuerda?

1. ¿Cuántas partes o visiones componen el capítulo 7 y con qué tienen que ver?
2. ¿Por qué este capítulo se considera "un interludio"?
3. ¿Qué representa el número 144 000 y por qué son sellados?
4. ¿Quién es la multitud de la segunda visión y cómo se les describe?

Su tarea para la próxima semana:

1. Lea Apocalipsis capítulo 8.
2. Repase sus notas de esta lección.
3. Subraye su Biblia.

Notas de la lección 9

Lección 10

APOCALIPSIS 8

Los juicios de las trompetas – Primera parte

1. El séptimo sello (versículos 1-6)
   - El séptimo y último sello abre los juicios de las siete trompetas.

   a. El silencio
      - En el versículo 1, al inicio del séptimo sello, todo el cielo se calla.
      - Cuando el Cordero abrió el primer sello, hubo una voz de trueno, que decía: "Ven". Cuando el Cordero abrió el segundo, tercero y cuarto sellos, se escuchó esa misma voz de trueno. Cuando el Cordero abrió el quinto sello, Juan oyó el clamor de los que fueron martirizados por Cristo y vio sus almas bajo el altar. Cuando el Cordero abrió el sexto sello, hubo un gran temblor por todo el marco de la naturaleza.
      - Cuando el Cordero ahora abre el séptimo y último sello, vemos que hay un silencio por un periodo de media hora. Esta es la quietud y el silencio de la expectativa, porque este es el último sello. Es también un silencio que precede a la arremetida del terrible juicio venidero.
      - El silencio, en este punto, después de todas las expresiones de los seis sellos, sería algo asombroso, porque este es el comienzo del último drama del misterio sublime del Dios todopoderoso. Es como si el Señor Dios mismo hiciera una pausa antes del incesante ajetreo de esta gran administración judicial final.
      - El silencio en el cielo a la apertura del séptimo y último sello pone a la vista el drama de la gran tribulación.

   b. Después del silencio, las siete trompetas
      - Lo primero que ve el apóstol Juan tras el silencio son los siete ángeles que están de pie en la presencia de Dios.
      - Estos siete son un grupo de ángeles particular, selecto y administrativo que llevan a cabo las instrucciones del Señor Dios.
      - A estos siete ángeles el Señor Dios les da siete trompetas. La trompeta se les da porque es el más usado de todos los instrumentos de las Santas Escrituras y refleja la vida de la gente en la presencia de Dios. Por ejemplo, si se declara una guerra, habrá un sonido de trompeta. En la gran convocatoria del pueblo de Dios, hubo un sonido de trompeta. Esto también sucedía en todos los días del gran festival y en la coronación de un rey.

   c. *"Otro ángel vino"* (8:3), ¿quién era este ángel?
      - Al menos cuatro veces en Apocalipsis se usa esa designación idéntica de *"otro ángel"*, siempre con referencia a una personalidad poderosa y gloriosa en el cielo (véase Apocalipsis 7:2; 8:3; 10:1; 18:1)
      - Aquí, en Apocalipsis 8:3, este ángel está de pie en el altar y en su mano tiene un incensario de oro, que solo le pertenece al sacerdote.
      - Por estas descripciones, y especialmente por su ministerio sacerdotal, muchos estudiantes de la Palabra de Dios dicen que este ángel es el Señor Jesucristo. Yo no tengo objeción para los que interpretan la Escritura de esta forma, pero tengo que hacer esta observación: en cada lugar del Apocalipsis donde aparece nuestro Señor, se le designa inequívocamente. En

el primer capítulo se le llama *"el Hijo del hombre"* (1:13). En el quinto capítulo se le llama *"el León de la tribu de Judá, la raíz de David"* (5:5), y en el siguiente versículo, "un Cordero como inmolado" (5:6). En el capítulo 19 se le llama "EL VERBO DE DIOS" (19:13).

- El Señor Jesucristo siempre es designado inequívocamente, pero aquí, y en otros pasajes parecidos en Apocalipsis, el término es *"otro ángel"*, lo cual me lleva a creer que este es un ángel-sacerdote, y así nos referiremos a él.
- Mientras estos siete ángeles elegidos de Dios están de pie, listos para hacer sonar sus trompetas, aparece el ángel-sacerdote de pie ante el gran holocausto de sacrificio.
- Se mencionan ambos altares del templo celestial aquí en el versículo 3. El ángel-sacerdote, de pie en los atrios, llena su incensario de oro con el fuego del altar de bronce, y con incienso, lo ofrece en el altar de oro delante del trono.
- El escenario tradicional judío de la adoración en el tabernáculo incluía un atrio con un altar de bronce para el holocausto, donde se ofrecían todos los sacrificios a Dios en fuego que nunca se apagaba, y un lugar santo delante del velo, el gran altar del incienso con sus cuatro cuernos dorados, uno en cada esquina. Estos son los dos altares: el altar de bronce del sacrificio y el altar de oro de oración. Ambos se mencionan en este versículo.
- Aquí en Apocalipsis 8:3-5, el ángel-sacerdote está de pie en el altar de bronce del sacrificio llenando su incensario con el fuego del altar. Después procede a ir al lugar santo para poner el incienso sobre los carbones de fuego. Ofrece el incienso con las oraciones de todos los santos. Estos santos incluían los santos de los días de la tribulación, y pueden también incluir a los santos de todos los tiempos, cuyas anheladas peticiones de la venida del reino del Señor están ahora a punto de ser contestadas.
- Tras ascender la oración, notemos lo que ocurre en el versículo 5. El ángel llena su incensario con fuego del altar (no el altar de oro ante el trono, sino el altar de bronce del juicio) y lo vierte en la tierra. Ahora sigue un elemento de juicio: voces, trueno, relámpago y un terremoto, un anticipo del juicio que seguirá.
- Notemos que este ángel-sacerdote toma el incensario de oro, lleno con incienso que asciende a Dios, un retrato de la devoción, amor, esperanza, oraciones e intercesión de juicio.
- Después llena su incensario vacío con fuego de los carbones del altar de bronce, pero esta vez vuelca el incensario en la tierra, donde quema, arde y consume. El mismo incensario que envió la oración de incienso en la adoración en el altar de oro es usado para revelar el juicio por parte de Dios.
- Cuando echa el fuego en la tierra, lo que sigue es el juicio inevitable de Dios sobre una tierra blasfema, hostil e incrédula.

2. Las cuatro primeras trompetas (8:7-13)

- Al empezar a estudiar los juicios de las trompetas, notaremos que estos siete juicios están divididos en cuatro y tres; los cuatro primeros forman una serie; los tres últimos están en serie y se llaman "ayes".
- Estos cuatro primeros son juicios generales sobre la tierra; los tres últimos juicios son dirigidos directamente a la humanidad. Aumentan en intensidad y severidad según se suceden.

a. La primera trompeta (versículo 7)

- La primera trompeta provocará granizo y fuego, mezclado con sangre, sobre la tierra.
- El resultado será que arderá una tercera parte de la tierra. Un tercio de toda la vegetación arderá.

- Con la gran pérdida de vegetación se producirán inundaciones y erosión, pero cuando Dios juzga, es también misericordioso, porque deja dos tercios de vegetación sin tocar.

b. La segunda trompeta (versículos 8-9)

- El instrumento del segundo juicio se describe *"como una gran montaña ardiendo en fuego"*.
- Juan no dice cuál será el instrumento de juicio, pero revela claramente las consecuencias del juicio.
- Una tercera parte del mar se convertirá en sangre, causando la muerte de una tercera parte de la vida marina y una tercera parte de las naves.

c. La tercera trompeta (versículos 10-11)

- El juicio de la tercera trompeta afecta al suministro de agua dulce del mundo. Se vuelve amarga, lo cual produce muchas muertes.
- El instrumento de juicio será una gran estrella llamada Ajenjo.
- Muchas especies de ajenjo viven en Israel. Todas tienen un sabor fuerte y amargo, lo cual hace que muchos usen la planta como un símbolo de amargura, dolor y calamidad en todo Israel.
- El agua de este juicio será tan amarga y venenosa que muchas personas morirán, o bien por beberla o de sed.

d. El juicio de la cuarta trompeta (versículos 12-13)

- El cuarto juicio afectará al sol, la luna, las estrellas y la uniformidad del ciclo día/noche.
- El sol, la luna y las estrellas serán heridas en una tercera parte, con el resultado de que ahora el ciclo de veinticuatro horas será acortado a un ciclo de dieciséis horas.
- El Señor mismo predijo, en el discurso de los Olivos, estas señales en Lucas 21:25. Busque este versículo:

____

____

____

____

En este punto podemos imaginar las consecuencias de perder una tercera parte de la vegetación, la vida marina y las naves. Añadamos a eso el envenenamiento de una tercera parte de los recursos de agua del mundo, y después la reducción de la luz natural en un tercio, y podremos ver que la rápida sucesión de todos estos juicios está diseñada por Dios para impactar al hombre, para que cambie de idea con respecto al Señor redentor.

3. El anuncio de ayes (versículo 13)

- En este punto, Juan oye y ve un ángel, volando por el cielo y anunciando ayes sobre la tierra.
- Notemos que el ángel dice: *"Ay, ay, ay..."*. Tres veces el ángel repite esto porque hay tres ayes que vendrán, y están bajo la quinta, sexta y séptima trompeta.
- Esto está específicamente dirigido a los habitantes de la tierra.
- Por muy terribles que serán los cuatro primeros juicios de las trompetas, los tres últimos serán peores y, por lo tanto, son designados como ayes. Antes de entrar en estos ayes, debemos detenernos y considerar la advertencia aquí de que las trompetas cinco, seis y siete traerán una nueva calidad y grado de desastre.

- Veremos el primer ay en las langostas, el segundo en los jinetes del Éufrates y las plagas con las que los dos testigos golpean la tierra. El tercero lo vemos en la entrega de la tierra a la adoración de la bestia, que es, con mucha diferencia, el peor de todos.

¿Cuânto recuerda?

1. ¿Qué abre la apertura del séptimo sello?
2. ¿Cómo es la atmósfera después de abrir el séptimo sello?
3. ¿Quién es el *"otro ángel"* del que se habla en Apocalipsis 8:3?
4. ¿Cómo están agrupados o divididos los juicios de las trompetas?
5. Describa los juicios 1-4. ¿Cuáles son los resultados de ellos?

Su tarea para la próxima semana:

1. Lea Apocalipsis capítulo 9.
2. Repase sus notas de esta lección.
3. Subraye su Biblia.

Notas de la lección 10

Lección 11
APOCALIPSIS 9

Las trompetas de ay sobre la tierra

1. La quinta trompeta. El primer ay (versículos 1-12)
   a. La estrella caída
      - La *"estrella"* de Apocalipsis 9:1 es fácil de identificar. Las palabras son claras si leemos el pasaje desde un punto de vista literal: *"y vi una estrella que cayó del cielo a la tierra; y se le dio la llave del pozo del abismo"*. En el versículo 11 leemos: *"Y tienen por rey sobre ellos al ángel del abismo"*. Aparentemente es la misma criatura en ambos versículos, al que se identifica como Satanás.
      - Notaremos en el versículo 2 que cuando esta *"estrella"*, que hemos identificado como Satanás, abre el pozo del abismo, *"subió humo del pozo como humo de un gran horno; y se oscureció el sol y el aire por el humo del pozo"*.
   b. Las langostas
      - Después, en el versículo 3: *"Y del humo salieron langostas sobre la tierra"*. Se preguntará de dónde salen estas langostas. Proceden del pozo del abismo. Lucas 8:31 también alude a la morada de los demonios como *"el abismo"*.
      - Cuando Satanás abre el abismo, el humo asciende como el humo de un gran horno. Estas langostas descritas como procedentes del abismo están poseídas por atributos demoniacos.
      - Al leer los versículos 3 al 6 está claro que no son langostas comunes, y su origen es el pozo del abismo.
      - Estas criaturas se describen como reales, así que no debemos considerarlas como meras representaciones simbólicas y juicios.
      - Son criaturas animales, como langostas, aunque no son langostas comunes porque su naturaleza es demoniaca. Sin duda, sería mejor describirlas como demonios que toman la forma de estas particulares langostas.
      - La destrucción que estos demonios infligen se describe en el versículo 3: *"como tienen poder los escorpiones"*. En su libro, *The Apocalypse*, J. A. Seiss dice:

        > El dolor por la picadura de un escorpión, aunque por lo general no es fatal, es quizá el más intenso que cualquier animal puede infligir sobre el cuerpo humano. El insecto mismo es el más irascible y maligno que vive, y su veneno es igual. De un niño al que le picó un escorpión en el pie [se dijo que]...rodó por el suelo, apretando sus dientes, y echando espuma por la boca... Tal es la naturaleza del tormento con el que estas langostas del abismo infligen. También es difícil protegerse de ellos, si es que nos podemos proteger de alguna manera, porque vuelan donde quieren, corren como rayos por el aire y moran en la oscuridad.[1]

      - En los versículos 4 y 5, Dios pone ciertos límites a la actividad de estos demonios. Estarán limitados en cuanto a lo que pueden atacar, lo lejos que pueden ir y cuánto tiempo pueden hacerlo. No atacarán la vegetación de la tierra (como normalmente hacen las langostas);

1. J. A. Seiss, *The Apocalypse: Lectures on the Book of Revelation* (New York: Cosimo Inc., 2007), p. 206.

puede que solo ataquen a ciertos hombres, es decir, a los que no tienen el sello de Dios en sus frentes.

- Los malos perseguirán a los siervos de Dios, los 144 000, pero a su vez serán atormentados por esta plaga, lo cual Dios permite.
- Los demonios-langostas también estarán limitados en cuanto a que no podrán matar a los hombres, sino solo atormentarlos.
- La duración de esta plaga, en concreto, será de cinco meses, como dicen los versículos 5 y 10.
- En el versículo 6 encontramos que el efecto de este tormento a manos de las langostas llevará a los hombres al suicidio, pero no podrán morir. Aunque los hombres preferirán la muerte a la agonía de vivir, la muerte no les será posible.
- En los versículos 7-12 encontramos una descripción de las langostas.
- En general, son como caballos preparados para la batalla. En sus cabezas tienen, por así decirlo, coronas de oro. Sus rostros son como los rostros de los hombres, y su cabello como el cabello de las mujeres. Sus dientes son como los de los leones y tienen corazas de hierro. El rejo de su cola, semejante al del escorpión, se vuelve a mencionar, junto con la duración de la plaga durante cinco meses.
- El poder de los demonios es grande, y estas langostas poco comunes son demoniacas y están controladas por Satanás.
- Aunque este juicio es literalmente el infierno en la tierra, el poder dominante de Dios se entremezcla a lo largo de este pasaje. Él permite que el juicio se produzca; Él pone el límite al poder destructivo de estas langostas; Él hace que termine cuando se cumple su propósito. Él tiene un control total.
- Estas criaturas son dirigidas en su obra por un rey, Satanás. Su nombre se nos da tanto en hebreo como en griego en el versículo 11, y ambos significan "destructor". En este juicio, Satanás, a través de sus demonios, intentará destruir los cuerpos de los hombres.

c. El gran anuncio

- En el versículo 12 hay un gran anuncio. Busque este versículo:

____

____

____

- Aquí se nos da el pronunciamiento de que un ay ha terminado, y que aún quedan dos más por producirse.
- Este versículo nos ayuda a mantener los tres ayes separados el uno del otro. Nunca ocurren a la vez, siempre es uno detrás de otro.

2. El segundo ay. La sexta trompeta (versículos 13-21)

- En el versículo 13, la voz de este primer ángel mencionado aquí pertenece al mismo ángel-sacerdote presentado en Apocalipsis 8:3. Él ordena al ángel de la trompeta que suelte a cuatro ángeles que estaban atados en el río Éufrates.

a. El Éufrates

- Aquí hay un ángel, bajo el mandato del ángel-sacerdote, soltando cuatro ángeles malos, quienes hasta este momento habían estado atados en el río Éufrates. Esto es especialmente crucial.
- El primer pecado humano se cometió en este Éufrates, en el huerto del Edén. En esta área se produjeron el primer asesinato y la primera gran rebelión contra Dios. Fue cerca de Babilonia

donde el primer gobernante del mundo estableció su reino. La región del Éufrates es verdaderamente el lugar de muchos eventos importantes de la historia humana. El Éufrates era considerado por los romanos, los griegos y los babilonios como la línea divisoria entre el este y el oeste.

b. Los cuatro ángeles

- Estos cuatro ángeles estaban preparados para la hora, el día, el mes y el año que habían estado esperando.
- El propósito de su liberación es para matar a una tercera parte de la raza humana (9:15).
- De nuevo, vemos la mano soberana de Dios obrando en todos estos eventos en su propio tiempo. Estos demonios, que habían sido guardados hasta esta hora, no podían haber sido liberados por Satanás hasta que Dios no diera la orden.
- Bajo el cuarto sello de Dios en Apocalipsis 6:7, una cuarta parte de la tierra ya había muerto. Ahora muere una tercera parte. Esto significa que solo estos dos juicios, por no hablar de la muerte causada por otras guerras y pestilencias, han reducido la población de la tierra a la mitad.
- Cuando estos cuatro ángeles son liberados, tienen un método, una manera de matar a una tercera parte de la población. Así que ellos, a su vez, sueltan un ejército de tormento y destrucción, y el número de ese ejército es de doscientos millones (9:16).
- Algunos consideran que este ejército está compuesto por seres humanos y otros que son un ejército de demonios. Algunos creen que los doscientos millones de soldados descritos aquí serán del este del Éufrates.
- Juan describe en el versículo 17 lo que vio. No es más difícil interpretar ese versículo tan demoniaco como lo hicimos con las langostas del primer ay.
- Las armas de este ejército son fuego, humo y azufre, las armas del infierno. Esto indica además que el ejército está compuesto por los habitantes del infierno, los demonios.

c. Consecuencias de la sexta trompeta

- Las consecuencias de esta sexta trompeta las encontramos en los versículos 18-21. *"Por estas tres"* debería ser "mediante estas tres plagas"; es decir, fuego, humo y azufre.
- La primera consecuencia de la actividad de este ejército es que un tercio de la población es destruida.
- La segunda consecuencia tiene que ver con los que no mueren. Uno esperaría que, en medio de todo este sufrimiento, los hombres acudieran a Dios y clamaran pidiendo misericordia. En su lugar, leemos que ellos *"ni aun así se arrepintieron"* (9:20). En los versículos 20-21 hay una descripción de la religión y la vida de los hombres no redimidos sobre la tierra durante estos días de tribulación. Su religión será la adoración de demonios e ídolos. Los dos mensajes tristemente funestos de esta lección se encuentran en los versículos 20-21. Busque estos versículos:

- Ellos no solo se aferran a su adoración de ídolos, sino que no se arrepentirán de los cuatro principales pecados que suceden durante estos días de tribulación.
- En el versículo 21 encontramos la lista de los cuatro pecados más prominentes durante este tiempo. La importancia de estos pecados en particular es grande a la luz de las modas presentes del mundo. No es coincidencia que los cuatro mayores pecados escritos aquí sean cuatro de los problemas más serios que enfrentamos hoy día.
- Estos cuatro pecados son asesinatos, actividades ocultistas o *"hechicerías"* (que viene de la palabra griega *pharmika*, que significa farmacia, pero se refiere aquí a la práctica de lo oculto con el uso de drogas), fornicación y robo.
- Notemos que tres de estas cuatro prácticas son violaciones directas de tres de los Diez Mandamientos: asesinato, fornicación y robo. El vicio reinará en lugar de la virtud.
- Todo esto son señales de lo que ocurrirá durante el periodo de la tribulación.

3. Un interludio
   - Ahora, al cierre del capítulo 9, vemos otro interludio.
   - Este será el interludio más largo hasta ahora. Así, antes de pasar a la séptima trompeta, Dios ha dado un poco de tiempo, el cual llamaremos interludio, y después, en Apocalipsis 11:13, retomamos los dos versículos finales del segundo ay y entramos en la séptima trompeta.

¿Cuánto recuerda?

1. ¿Quién es la estrella caída que vemos en el versículo 1?
2. Describa las langostas que emergen del abismo. ¿A qué otra criatura se asemeja su destrucción?
3. ¿A qué se limitó a las langostas y cuánto tiempo se permitirá que dure esa plaga?
4. Describa el segundo ay.
5. ¿De dónde emergerán los cuatro ángeles y por qué esta zona es significativa?
6. Aproximadamente ¿qué cantidad de la población de la tierra será asesinada después de este juicio de la sexta trompeta?
7. ¿Cuáles son las armas del ejército de este segundo ay?
8. ¿Cuáles son las consecuencias de esta sexta trompeta?

Su tarea para la próxima semana:

1. Lea Apocalipsis capítulo 10.
2. Repase sus notas de esta lección.
3. Subraye su Biblia.

Notas de la lección 11

Lección 12
APOCALIPSIS 10

Este pasaje es parte del interludio más largo entre las series de juicios.

Las tres series de juicios están enmarcadas exactamente igual: las series de los siete sellos, las siete trompetas, y las siete copas de la ira de Dios.

Entre el sexto y el séptimo juicio hay un interludio. Entre el sexto y séptimo sello, el séptimo capítulo del libro de Apocalipsis es un interludio. Entre la sexta y la séptima copa, Apocalipsis 16:13-16 es un interludio. En esta serie de los juicios de las trompetas, entre la sexta y la séptima trompeta encontramos un interludio que ocupa Apocalipsis 10:1 - 11:13.

1. El misterio de Dios terminado (versículos 1-7)
   a. El ángel
      - En Apocalipsis 10:1 leemos: *"Vi descender del cielo a otro ángel fuerte…"*.
      - La mayoría de los eruditos están de acuerdo en que este gran ángel no es otro que una descripción de nuestro Señor Jesucristo; sin embargo, yo no creo que sea así. La descripción es apropiada para un representante pleno embajatorio de nuestro Señor.
      - No creo que este ángel sea el Señor Jesús, porque este ángel aparece en todo el libro de Apocalipsis (véase Apocalipsis 5:2; 7:2; 8:3; 18:1; y aquí, 10:1). Para mí, estos son todo el mismo ángel. Si no es un ángel, ciertamente es alguna creación gloriosa de Dios que sirve y administra delante del trono del cielo. Algunos comentaristas dicen que este ángel es Miguel, al arcángel, ya que su nombre significa "uno como Dios".
      - Este ángel del Señor Dios pone un pie sobre el mar y otro pie sobre la tierra, y declaró que estas cosas le pertenecen a Dios. Cuando un hombre pone su pie sobre algo, significa que lo posee. También encontramos esto cuando Dios se dirigió a su pueblo en Deuteronomio 11:24. Busque este versículo:

        ____

        ____

        ____

        ____

        ____

      - El clamor del ángel era con una gran voz como el rugido de un león. Esto indicaría la fuerza de la voz del ángel.
   b. El misterio
      - Suceden dos cosas después de la gran voz: primero, *"siete truenos emitieron sus voces"* (10:4); segundo, a Juan se le refrena para revelar lo que dicen los truenos.
      - El trueno siempre apunta a las tormentas, pero los detalles concretos no se nos revelan aquí, solo una voz del cielo prohibiendo a Juan escribir lo que ha oído.
      - En el versículo 7 encontramos el corazón de la primera parte del capítulo 10: *"sino que en los días de la voz del séptimo ángel* [el último juicio de las trompetas, el último ay], *cuando él comience a tocar la trompeta, el misterio de Dios se consumará, como él lo anunció a sus siervos los profetas"*.

- El *"misterio de Dios"* es la larga demora de nuestro Señor para tomar el reino para sí mismo y establecer su justicia en la tierra.
- Hay un tiempo elegido cuando ese ángel tocará y el reino de este mundo se convertirá en el reino de nuestro Dios y de su Cristo.
- La idea del versículo 7 es que no debería haber más un intervalo de tiempo, es decir, una demora, porque el misterio de Dios terminará cuando toque ese séptimo ángel, lo cual abre la última serie de juicios de Dios.
- Según este versículo, estas son las buenas noticias que Dios ha declarado, ha evangelizado, a sus siervos los profetas. La frase en griego traducida como *"anunció a sus... profetas"* es significativa. Siempre en el mensaje de los profetas se anuncian buenas nuevas. El profeta quizá ve la tormenta, el furor, la batalla y el conflicto, y sus escritos pueden estar llenos de ayes y lamentos, pero el profeta siempre vio el día glorioso acercándose, siempre. Por eso Juan usa la palabra *"anunció"*, que realmente significa "evangelizó".
- La clave para interpretar el versículo 7 está en la inclusión de las últimas palabras del versículo 6: *"que el tiempo* [demora] *no sería más, sino que en los días de la voz del séptimo ángel..."*. Así, sabemos que el misterio de Dios se terminará cuando el séptimo ángel toque y abra la última serie de los juicios de Dios.

2. El libro agridulce (versículos 8-11)
   a. El ángel
      - Este ángel, vestido con una nube, un arco iris sobre su cabeza, con su rostro como el sol y sus pies como pilares de fuego, pone un pie sobre el mar y otro pie sobre la tierra y, en el nombre del Señor Dios, reclama toda la creación para el Todopoderoso.
      - Alza su mano derecha al cielo y jura por Dios, que vive para siempre, que la demora del misterio de Dios está a punto de terminar en los días del sonido de la siguiente trompeta. Tiene en su mano un librito (véase el versículo 8).
      - Juan se convierte en actor en el drama por primera vez, y se le manda que se coma el libro. Cuando lo hace, es como miel en su boca y como hiel en su estómago. Después, el Señor dice que el apóstol, habiendo digerido las palabras del libro, debe entregárselo a las gentes, naciones, lenguas y reyes.

   b. Los siete truenos
      - Cuando el ángel que tenía en su mano el librito abierto comienza a hablar, es como un león leyendo. Toda la creación de Dios oye su voz, y después de hablar, siete truenos alzan sus voces en respuesta.
      - Juan dice que cuando esos truenos alzaron su voz, estaba a punto de escribir lo que habían dicho, pero una voz del cielo dijo: *"Sella las cosas que los siete truenos han dicho, y no las escribas"* (10:4).
      - Lo que habían dicho, Juan se lo llevó con él a la tumba. No sabemos qué dijeron esas voces de Dios, pero sabemos por su número, y por el hecho de que son truenos, que las palabras *"siete truenos"* significan algo. Así como hay siete lámparas, siete espíritus de Dios, siete sellos, siete trompetas y siete copas, hay también siete truenos, que representan toda la magnitud y plenitud del dictamen de Dios.

   c. El libro
      - En Apocalipsis 5:1 Juan vio un libro en la mano de Dios. Ahora, en el capítulo 10, cuando vemos la misma palabra griega traducida como *"librito"*, podríamos suponer que es un libro

distinto. Sin embargo, yo creo que es el mismo, porque se usó la misma palabra para describir a ambos.

- La diferencia es que en Apocalipsis 5 el libro estaba sellado con siete sellos, mientras que aquí, el libro en la mano del ángel está abierto. Esto es importante de recordar.
- El libro en la mano de Dios estaba sellado con siete sellos, pero ahora, en el décimo capítulo, los siete sellos han sido desatados y el librito está completamente abierto. El libro sellado representa una herencia abandonada. La ruptura de esos sellos representa la redención de esa herencia y la expulsión de Satanás.
- El ángel ahora le entrega el librito a Juan (véase el versículo 9) y el ángel dice que debe tomarlo y comérselo. Eso se refiere a algo claro y simple que a menudo encontramos en la Palabra de Dios. *"Cómelo"* significa asimilarlo, digerirlo y ponerlo en nuestra alma. Como dijo Jeremías, en Jeremías 15:16: *"Fueron halladas tus palabras, y yo las comí… oh, Jehová Dios de los ejércitos"*.
- Juan tenía que comerse este libro y después profetizar delante de los profetas, naciones y reyes de la tierra. Así que Juan hizo eso. Tomó la Palabra de Dios, tomó la revelación del Todopoderoso, y se la comió. Era dulce como la miel en su boca y amarga como la hiel en su estómago.
- Aquí está contenida una de las verdades más profundas de las Escrituras. El apocalipsis mismo, la revelación, es así. La dulzura de este librito, el apocalipsis, se puede verificar fácilmente y ver en la gran masa de literatura apocalíptica que se ha amontonado a su alrededor, pero no hay estudiante de la Palabra de Dios que haya buscado entender estos mensajes proféticos y que no vea en ellos la terrible violencia de la tormenta venidera. El apocalipsis describe un futuro amargo.
- Todas las bendiciones de Dios son dulces para todos nosotros, pero para la gente que rehúsa las amonestaciones de Dios, las palabras son amargas como la hiel.
- Lo que hemos visto es el hecho de que algunas de las revelaciones de Dios podrían ser agradables al gusto, y a la vez, la contemplación o digestión de la verdad podría traer pesadez.
- Con mucha frecuencia, cuando uno entra en un entendimiento de cosas venideras, nunca va más allá de la etapa de probar. Pero cuando uno digiere toda la verdad del juicio venidero, solo puede provocar pesadez en el corazón del hijo de Dios.
- Finalmente, Juan recibe el mandato mediante una voz en el versículo 11 de que debe profetizar de nuevo. Lleno del sabor dulce y la amargura del librito, sintió sobre sí la necesidad de predicar y profetizar. Notemos que esta profecía atañerá a muchas personas y naciones y lenguas y reyes.
- Recordemos que este interludio continúa hasta Apocalipsis 11:12. Veremos el capítulo 11 y estudiaremos el templo y los dos testigos. Antes de leerlo, no obstante, le sugiero que lea Daniel 9. Los dos capítulos van de la mano porque estudiamos ese periodo de tiempo que es tan importante en la semana setenta de Daniel.
- El clímax de la sexta trompeta (el segundo ay) no se terminará hasta que lleguemos a los versículos 13 y 14 del capítulo 11. Es de suma importancia que recordemos dónde estamos en los juicios, y que ahora estamos estudiando el interludio que se produce entre la sexta y la séptima trompeta.

¿Cuánto recuerda?

1. En las tres series de juicios (sellos, trompetas y copas), ¿qué hay entre el sexto y el séptimo juicio?
2. Describa el clamor del ángel de Apocalipsis 10:3.
3. ¿Qué se le impidió a Juan escribir?
4. ¿Cuál es el "*misterio de Dios*" que encontramos en este capítulo?
5. ¿Qué se le ordena a Juan comer y a qué sabe? ¿Qué tiene que hacer después de su consumo?
6. Describa la diferencia entre el libro mencionado en el capítulo 5 y el capítulo 10.

Su tarea para la próxima semana:

1. Lea Apocalipsis 11 y Daniel 9.
2. Repase sus notas de esta lección.
3. Repase el orden y el bosquejo de los juicios que ya hemos estudiado en orden para recordar dónde estamos en la progresión.
4. Subraye su Biblia.

Notas de la lección 12

Lección 13
APOCALIPSIS 11

El templo. Los dos testigos y la trompeta

1. La interpretación, el tiempo y el lugar del capítulo 11 (versículos 1-8)
   - La mayoría de los eruditos dirán que este capítulo es, sin duda alguna, el capítulo más difícil de todo el libro de Apocalipsis. Las interpretaciones de este pasaje presente son confusas y a menudo inconclusas.
   - Hay una multitud de ideas y pensamientos de varios eruditos, pero como hemos orado y estudiado, no creo que Dios quiera que presupongamos o tengamos puntos de vista personales, sino que, en su lugar, veamos meramente la voluntad y el propósito elegido de Dios al revelarnos todo su consejo.
   - Si leemos el texto cuidadosamente, la primera impresión que tendremos es que estamos de manera inequívoca, y sin lugar a dudas, en terreno judío. Veamos el versículo 8: *"Y sus cadáveres estarán en la plaza de la grande ciudad que en sentido espiritual se llama Sodoma y Egipto..."*.
   - Juan continúa: *"...donde también nuestro Señor fue crucificado"*. Nuestro Señor no fue crucificado en Damasco, Menfis o Tebas. Nuestro Señor, nuestro Salvador, fue crucificado en Jerusalén.
   - El apóstol describe la pecaminosidad de esa ciudad diciendo que espiritualmente es Sodoma en su pecado, y espiritualmente es Egipto en su mundanalidad. Juan definitivamente dice que está hablando sobre Jerusalén.
2. La ciudad santa, Jerusalén
   - Busque el versículo 2:

     ____

     ____

     ____

     ____

     ____

   - *"La ciudad santa"* es un término, una expresión que se usaba en la Biblia solo para una ciudad. No hay otra ciudad en la tierra que se llame la ciudad santa excepto Jerusalén.
   - La única excepción se encuentra en Apocalipsis 21:10, donde a la nueva Jerusalén se le llama *"la gran ciudad santa de Jerusalén, que descendía del cielo, de Dios"*, y ciertamente nunca será hollada por los ejércitos de los gentiles.
   - Jerusalén es una ciudad que empequeñece a todas las demás ciudades en su importancia. No hay nadie en el propósito y la economía escogida de Dios que pueda, incluso, comenzar a acercársele.
   - Dios puso a Israel en el centro de todas las naciones. Tres grandes continentes enfocan a ese país: África, Asia y Europa. Es una tierra puente entre esas tres grandes masas de terreno de la tierra.
   - El área estratégica es también la división del tiempo. Lo que ocurrió allí divide los siglos. Antes de la crucifixión de nuestro Señor en ese lugar es a. C.; después de la crucifixión de nuestro Señor en ese lugar, es d. C.

3. Las setenta semanas de Daniel

- Una tremenda indicación de los propósitos de Dios en la tierra es el elemento del tiempo que está escrito en este texto. No solo en un lugar particular designado (Jerusalén), sino que también hay un señalamiento definitivo a cierto periodo: *"y ellos hollarán la ciudad santa cuarenta y dos meses"* (11:2).
- Cuarenta y dos meses. Después, en el siguiente versículo leemos: *"Y daré a mis dos testigos que profeticen por mil doscientos sesenta días* [cuarenta y dos meses]" (11:3).
- Más referencias a esta misma cantidad de tiempo se pueden encontrar en Apocalipsis capítulos 12 y 13.
- Dios no hizo aparecer ese periodo de tiempo sin sentido alguno. Está claro a qué periodo de tiempo se refiere, porque ahí, en Daniel, encontramos esas mismas expresiones y esa misma cantidad de tiempo. Al leer Daniel y el Apocalipsis, se puede ver exactamente qué es lo que Dios le ha dado a Juan al delinear el futuro de la consumación del siglo.
- Por ejemplo, en Daniel 9:24 leemos: *"setenta semanas"*. En la Nueva Traducción Viviente se traduce como *"setenta conjuntos de siete"*, lo cual es correcto. En el hebreo, la palabra significa "semanas de años". El pasaje dice: *"Un período de setenta conjuntos de siete se ha decretado para tu pueblo y tu ciudad santa para poner fin a su rebelión, para terminar con su pecado, para obtener perdón por su culpa, para traer justicia eterna, para confirmar la visión profética y para ungir el Lugar Santísimo"*.
- Setenta sietes, 490 años, están determinados para poner fin al pecado, para terminar con la transgresión y para traer la justicia eterna, para sellar las visiones y las profecías, para que se cumplan todas.
- El profeta toma estos setenta sietes y los divide en dos partes. *"Sabe, pues, y entiende, que desde la salida de la orden para restaurar y edificar a Jerusalén"* (Daniel 9:25). El decreto fue establecido en Daniel en el año veinte de Artajerjes en el 445 a. C. Así pues, desde ese día: *"desde la salida de la orden para restaurar y edificar a Jerusalén hasta el Mesías Príncipe* [hasta la venida de Jesús], *habrá siete semanas, y sesenta y dos semanas* [sesenta y nueve semanas]... *Y después de las sesenta y dos semanas se quitará la vida al Mesías"* (Daniel 9:25-26).
- Por lo tanto, empezando en el año 20 de Artajerjes y adelantando 483 años, sesenta y nueve sietes, llegamos al 38 d. C., cuando Jesús fue muerto, cuando al Mesías se le quitó la vida.
- Después, el profeta separa la última semana, la semana setenta. Esa semana es el clímax, porque esa semana setenta trae consigo el reino eterno de Dios.
- Y esto se refiere a esa semana setenta: *"Y por otra semana confirmará* [el anticristo, el que lucha contra Dios] *el pacto con muchos; a la mitad de la semana* [está hablando a Daniel sobre el pueblo de Daniel, los judíos] *hará cesar el sacrificio y la ofrenda"* (Daniel 9:27).
- Después viene la terrible profecía aquí de la gran tribulación. Así que Daniel divide esa semana final en dos partes: la primera parte en tres años y medio y la segunda parte en tres años y medio, cada parte, cuarenta y dos meses, 1260 días, tiempo, y tiempos y medio tiempo; tiempo, tiempos y la mitad del tiempo.
- Por ejemplo, en Daniel 7:25: *"tiempo, y tiempos, y medio tiempo"*. En Daniel 12:7: *"y juró por el que vive por los siglos, que será por tiempo, tiempos, y la mitad de un tiempo"*. La fuente de ese número viene de la semana setenta de Daniel, la cual Dios dividió en tres años y medio.
- Entre esas sesenta y nueve semanas, al final de las cuales al Señor se le quita la vida, y esta semana setenta que trae la consumación, hay un gran interludio, un gran intermedio.
- En Efesios 3, Pablo dice que este gran intermedio es el periodo de tiempo en el que vivimos ahora. Ese gran interludio en el que vivimos es un misterio, el cual es un secreto escondido en el corazón de Dios.

- Dios se lo reveló a sus santos apóstoles para que nos pudiéramos gozar en nuestra elección como casa de fe y en nuestra parte en la consumación del siglo.

4. La medida del templo (versículos 1-2).
   - En este capítulo, como he indicado, estamos de forma abierta y manifiesta en terreno judío.
   - Entre esa semana sesenta y nueve y setenta está nuestro presente y vasto interludio, el cual llamamos la "era de la gracia", la iglesia.
   - Esta tribulación tiene dos partes: la primera parte es llamada "la tribulación" y la segunda parte se llama "la gran tribulación", cada una de tres años y medio. Después, sabemos que estamos mirando a la semana setenta de Daniel.
   - Encontraremos una división de capítulo entre los capítulos 10 y 11, pero es todo parte de la misma profecía.
   - La amargura que queda por delante, oscura y trágica, está descrita en el primer versículo: *"Entonces me fue dada una caña semejante a una vara de medir, y se me dijo: Levántate, y mide el templo de Dios, y el altar, y a los que adoran en él"* (11:1).
5. ¿De qué templo estamos hablando?
   - ¿Cuál es este templo de Dios? Hay cinco templos en la Biblia: 1. El templo de Salomón, destruido por Nabucodonosor en el año 587 a. C.; 2. El templo de Zorobabel, construido después de la cautividad y profanado por Antíoco Epífanes en el año 168 a. C.; 3. El templo de Herodes, reconstruido en esplendor y destruido por Tito en el año 70 d. C.; 4. El templo que estamos tratando en esta lección; 5. El templo del milenio, descrito en una profecía en Ezequiel 40-42.
   - Para esta lección, nos centramos en el cuarto templo. A Juan se le ordena *"Levántate, y mide el templo de Dios, y el altar, y a los que adoran en él"* (11:1).
   - Este es el mismo templo al que se refiere Daniel, cuando *"el príncipe"* (Daniel 9:26), el hombre de pecado, el último anticristo, hace un pacto con el pueblo judío, e Israel reconstruye la ciudad y el templo.
   - En medio de ese pacto, en medio de la semana setenta, el príncipe terrible rompe su promesa e incluso los que se hicieron amigos de Israel dirigen su venganza hacia la ciudad. Es hollada durante cuarenta y dos meses: la gran tribulación.
   - Es el mismo templo al que se refiere Pablo en 2 Tesalonicenses 2:4, cuando habla sobre el hombre de pecado *"el cual se opone y se levanta contra todo lo que se llama Dios o es objeto de culto; tanto que se sienta en el templo de Dios como Dios, haciéndose pasar por Dios"*.
   - En Romanos 9-11 se presagia que los judíos regresarán a Palestina, y Dios dice que el templo será reconstruido. En su rechazo de Cristo, en su incredulidad, y en la reconstrucción de ese templo, la nación judía se hará amiga del gobernante político del mundo, que es el gran hombre de pecado.
   - Pero ese supuesto amigo revelará su verdadera identidad en medio de la semana, en mitad de la semana setenta, cuando romperá el pacto y cuando el pueblo judío será pisoteado durante tres años y medio.
   - Esto es parte de la amargura que sintió Juan en el capítulo 10 cuando tomó la herencia, el título de propiedad, que al principio sabía como la miel, precioso como el cielo mismo, y después, cuando miró a su pueblo aplastado en sangre, en lágrimas y en muerte, la visión se volvió amarga.
   - *"Entonces me fue dada una caña semejante a una vara de medir"* (11:1). Siempre que se usa la palabra *"vara"* en Apocalipsis, se refiere a castigo, corrección o juicio. Con esa vara, Juan recibió la orden de medir el templo y a la gente.

- Muchas veces en la Biblia encontraremos un mandato de Dios de "medir". Medir algo era también una forma de reclamarlo para Dios. La medida de Apocalipsis 11 concierne al pueblo de Dios que ha de ser medido para juicio y corrección.
- Cuando el judío vuelve su rostro hacia su tierra natal y reconstruye su ciudad, Jerusalén, y cuando reconstruye el templo y reimplanta las instituciones y rituales de Moisés, lo hace con gran esperanza y anticipación.
- Pero Juan, en su visión, vio más allá de estos días de alegría. Juan vio la vara de la ira de Dios causada por su incredulidad, rechazo y blasfemia contra Cristo.
- Para resumir los dos primeros versículos, tendría que decirlo así: a Juan se le dijo que midiera el templo y el altar (el altar del incienso) y que midiera a sus adoradores.
- Estos adoradores son los judíos creyentes fieles de los días de la tribulación. El templo es el que será reconstruido en Jerusalén durante la tribulación, aquel donde serán reinstituidos los antiguos ritos judíos. Es el mismo templo en el que el hombre de pecado se sentará, demandando ser adorado.
- La medida en sí es un acto de reclamación o juicio.
- El atrio exterior no será medido. En cambio, a Juan se le dijo que lo dejara aparte. El lenguaje indica un profundo rechazo, y la razón se nos da en el versículo 2: *"los gentiles... hollarán la ciudad santa cuarenta y dos meses"*.

6. Los dos testigos (versículos 3-11)
   - El límite de tiempo del misterio de los dos testigos se marca explícitamente con 1260 días.
   - Notemos que a los testigos los describe un ángel poderoso porque Juan no los ve.
   - Podemos deducir que el periodo de tiempo en el que vivieron fue una era inusual, especialmente cuando consideramos el hecho de que, si estos dos testigos de Dios fueran hostigados o si alguien deseara hacerles daño, *"sale fuego de la boca de ellos, y devora a sus enemigos"* (11:5).
   - Así era en los días de la antigua teocracia, cuando Jeroboam construyó su ídolo de oro en Betel. Vino de Judá un profeta de Dios –no se nos dice el nombre– quien denunció la idolatría, y al denunciarla el rey Jeroboam alzó su mano derecha para atrapar al profeta. Cuando lo hizo, su mano derecha se secó y no pudo retraerla. Este capítulo 11 de Apocalipsis describe ese tipo de mundo, una era y dispensación en la que estos dos testigos representan a Dios.
7. La identificación de los dos testigos
   - A estos hombres se les describe en el versículo 4 como *"dos olivos"* y *"dos candeleros"*.
   - La figura del olivo viene de Zacarías 4:3,14, y significa que son ungidos.
   - La figura de los dos candeleros también puede ser del mismo pasaje (en el que solo se menciona un candelero), pero evidentemente se refiere al carácter de los testigos como portadores de la verdad de Dios.
   - En los versículos 5 y 6 vemos lo que hacen. La conducta de su ministerio es espectacular, cuanto menos. Tienen poder para matar a sus enemigos con fuego, impedir que llueva, convertir el agua en sangre y producir plagas sobre la tierra. Los dos primeros poderes nos recuerdan a Elías (véase 1 Reyes 17) y los dos últimos a Moisés (véase Éxodo 7).
   - Por lo tanto, ellos son, creo yo, Elías y Moisés. Creo que esto es lo que está indicando la Escritura; sin embargo, hay muchas opiniones en cuanto a quiénes son estos hombres.
8. La verdadera identificación de los dos testigos
   - Ya he dicho que creo que los dos testigos de Apocalipsis 11:3-12 son Elías y Moisés. Estas son las razones por las que creo esto:

a. En Malaquías 4:5-6, las últimas palabras de Dios en el Antiguo Testamento mencionan la venida de Elías, y esta es claramente una predicción del Señor: *"He aquí, yo os envío el profeta Elías, antes que venga el día de Jehová, grande y terrible. El hará volver el corazón de los padres hacia los hijos, y el corazón de los hijos hacia los padres, no sea que yo venga y hiera la tierra con maldición"*. El día de Jehová grande y terrible se refiere a la parte final del periodo de la tribulación.

b. Otra razón por la que creo que estos dos serán Moisés y Elías es el hecho de que, entre todos los profetas del Antiguo Testamento, dos de ellos fueron llevados de este mundo antes de que terminaran sus ministerios: Moisés y Elías.

    - Moisés fue llevado prematuramente porque desobedeció a Dios en la roca que proveía agua. En vez de hablarle a la roca con una voz controlada, gritó al pueblo y golpeó a la roca dos veces con su vara. Dios envió el agua misericordiosamente, pero le dijo unas cuantas cosas a Moisés.
    - *"Por cuanto no creísteis en mí, para santificarme delante de los hijos de Israel, por tanto, no meteréis esta congregación en la tierra que les he dado"* (Números 20:12).
    - Moisés nunca pisó la tierra prometida; sin embargo, Dios le permitió ver la tierra desde el punto de observación del Monte Nebo. Así que Moisés murió con su ministerio sin acabar.
    - Elías fue también un gran profeta del Antiguo Testamento, uno de los mayores de su tiempo. Tomó a los cuatrocientos líderes de la adoración a Baal y los desafió en una confrontación. Dios respondió a Elías con fuego y abrumó a los adoradores de Baal.
    - En el regreso de Elías a la capital, recibió un mensaje de la reina pagana Jezabel. El mensaje afirmaba que Elías sería asesinado en veinticuatro horas. El que había sido un valiente profeta huyó al desierto para salvar su vida y le pidió a Dios que le quitase la vida. Cuando Dios le preguntó a Elías por qué quería morir, él respondió con una respuesta del tipo: "pobre de mí; me están persiguiendo".
    - Dios repitió su pregunta y Elías repitió su pesimista respuesta. Así que Dios le dijo a Elías: *"y a Eliseo… ungirás para que sea profeta en tu lugar"* (1 Reyes 19:16).
    - Poco tiempo después, Dios se llevó a Elías al cielo en un torbellino y un carro de fuego. Así que el ministerio de Elías tampoco se terminó.
    - Pero en la tribulación venidera, Moisés y Elías tendrán la oportunidad de terminar sus ministerios. El mismo Moisés que no pudo pisar la tierra prometida predicará en medio de Jerusalén. El mismo Elías que huyó de Jezabel pondrá su puño bajo la nariz de la bestia, o el anticristo.

9. Qué representan Elías y Moisés

- En primer lugar, cuando aparecen para hablar, dar testimonio y testificar o profetizar, están vestidos de cilicio. El cilicio es una túnica pesada tejida con pelo de camello o angora. La llevaban los antiguos como una señal de dolor y gran tristeza.
- Notaremos que, en el versículo 7, la bestia que emerge de las profundidades del abismo hará guerra contra ellos y los vencerá y matará. El Señor Dios los protegió mientras fue su voluntad. Incluso en los días de la terrible bestia, ellos solos en la tierra eran invencibles y no se les podía dañar hasta que terminaran su testimonio. Después ellos entregaron su vida.
- Cuando la bestia mató a los dos testigos, no permitió que se enterraran sus cuerpos. Toda la tierra miraba sus cadáveres durante tres días y medio. Un cadáver se descompone rápidamente en un clima tropical. ¿Se imagina la indescriptible vergüenza al ver a estos dos poderosos profetas de Dios tirados en las calles de la gran ciudad de Jerusalén y entregados a la corrupción y la descomposición?

- En el versículo 10, la gente se alegra por la muerte de estos dos profetas del Señor Dios y se envían regalos unos a otros. Pero Dios siempre cuida de los suyos, y así, en los versículos 11 y 12, encontramos que el Señor Dios mira desde el cielo y ve la alegría del mundo malvado por la muerte de sus dos testigos. El Señor sopla vida en sus cuerpos descompuestos y se ponen de pie, *"y sus enemigos los vieron"* (11:12).
- Estos mismos enemigos también oyeron la voz del cielo, diciendo: *"Subid acá"*. (11:12). Ellos ven a los testigos ascender a la gloria en la nube, en la radiante y ardiente shekiná de la presencia del Dios todopoderoso.
- En esa escena hay un patrón que recorre toda la Palabra de Dios: *"y todo ojo le verá, y los que le traspasaron"* (Apocalipsis 1:7).

10. El fin del segundo ay (versículos 13-14)
    - Cuando Dios les dijo a sus siervos Moisés y Elías: *"Subid acá"*, leemos en el versículo 13: *"En aquella hora hubo un gran terremoto, y la décima parte de la ciudad se derrumbó, y por el terremoto murieron en número de siete mil hombres; y los demás se aterrorizaron, y dieron gloria al Dios del cielo"*.
    - En ese terrible juicio con terremoto murieron siete mil hombres de distinción. Siete mil de los hombres más prominentes estaban intentando huir cuando Dios sacudió la tierra desde el centro en circunferencia y murieron.
    - Ese mismo versículo dice que en esa hora terrible de juicio, los hombres dieron gloria al Dios del cielo porque tuvieron miedo. En su temor, y en su horror, dieron gloria al Dios del cielo, pero a la distancia, por temor y no por conversión.
    - En el versículo 13, primero los siete mil mueren, y después los que quedan, llamados *"el remanente"*, dieron gloria al Dios del cielo.
    - Este es el final del segundo ay, porque, como leemos en el versículo 14: *"El segundo ay pasó; he aquí, el tercer ay viene pronto"*.

11. Comienza el tercer ay
    a. La parte parentética entre la sexta y la séptima trompeta ha terminado.
        - Con el sonido de la séptima trompeta viene el anuncio que comienza en el versículo 15. Busque este versículo:

    ____

    ____

    ____

    ____

    ____

    ____

        - Estamos entrando aquí en la agonía final de la tierra, su penuria, su dolor, su sufrimiento y su juicio a manos de un Dios furioso y airado.
        - Hay un reino aquí en este mundo, y está presidido por el príncipe de la potestad del aire y por los poderes de las tinieblas. Pero Dios declara que el pecado no reinará en esta tierra para siempre. El reino de Satanás no quedará sin desafiar.

    b. Una escena gloriosa y triunfante
        - En el versículo 16 vemos la respuesta de los veinticuatro ancianos. Estos veinticuatro representan a los santos resucitados, inmortalizados, raptados y transfigurados de Dios en el cielo.

- Los veinticuatro ancianos se postraron y adoraron a Dios.
- En el siguiente versículo oímos su oración de agradecimiento.

c. Un tiempo de recompensa

- En el versículo 18 vemos que los que se hicieron creyentes durante la tribulación resucitarán y serán recompensados al final de este terrible holocausto, cuando Jesús regrese a la tierra como Rey de reyes.
- Los creyentes de la era de la iglesia, todos los que creímos desde el día de Pentecostés hasta el rapto de la iglesia, ya estaremos en nuestro nuevo cuerpo inmortal y habremos recibido nuestra recompensa en el tribunal de Cristo poco después del rapto.

d. El templo celestial abierto

- En Hebreos se habla con respecto a las instrucciones de Dios de construir todo en el tabernáculo terrenal acorde al patrón exacto del templo celestial (véase Hebreos 8:5).
- Evidentemente, hay un templo completo en el cielo, del cual el terrenal fue solo una réplica.
- En este versículo vemos este templo celestial abierto, revelando el arca del pacto de Dios.
- El arca era la pieza principal de mobiliario en el lugar santísimo del tabernáculo en el desierto, así como en el templo de Jerusalén. Tenía un trono de oro encima, el lugar donde se rociaba la sangre del cordero el día de la expiación.
- Cuando se hacía esto, simbólicamente, este trono cambiaba de ser un trono de juicio a un trono de misericordia. Se llamaba "el propiciatorio". Era aquí donde Dios suplía la necesidad de perdón que tenía el hombre en el Antiguo Testamento. Cada judío creyente sabía que el arca era donde Dios trataba con su problema nacional y personal de pecado y de separación de Él.
- El hecho de que Dios abre el templo del cielo y muestra a los judíos el arca, es para recordarles que Él será incondicionalmente fiel a su pacto de perdón, el cual hace con todos los que acepten el mensaje del Mesías.
- El capítulo concluye con destellos de relámpagos y violentos truenos, un aviso para los que rechazan al Mesías de que los juicios finales de Dios están en camino.
- Aquí, justo antes del derramamiento de ese juicio final de las copas de Dios, hay un recordatorio de la fidelidad de Dios hacia su pueblo: el arca en el templo.

¿Cuánto recuerda?

1. ¿En qué ciudad se desarrolla el capítulo 11?
2. Describa el marco de tiempo delineado en Daniel con respecto a las setenta semanas.
3. ¿Qué se le mandó medir a Juan? ¿Con qué instrumento tenía que medir y qué simboliza este instrumento?
4. ¿Quiénes podemos suponer que son los dos testigos? ¿Qué razones apoyan esta conclusión?
5. ¿Con qué fuerza natural termina el segundo ay?
6. El tercer ay comienza con un gran anuncio. ¿Cómo respondieron los veinticuatro ancianos?
7. ¿De qué es un recordatorio para los judíos la imagen del arca del pacto?

Su tarea para la próxima semana:

1. Lea Apocalipsis capítulo 12.
2. Repase sus notas de esta lección.
3. Subraye su Biblia.

Notas de la lección 13

Lección 14
APOCALIPSIS 12

La mujer radiante y la batalla en el cielo

Este pasaje representa una gran división en el Apocalipsis. Los once primeros capítulos terminan con el sonido de la séptima trompeta, a medida que los reinos de este mundo se convierten en el reino de nuestro Señor Jesucristo.

En los días de la voz de la séptima trompeta, el misterio de Dios se revela y llega a su fin. Por lo tanto, el Señor nos da un avance, un bosquejo profético, de los últimos días de este mundo actual. En el preciso centro del Apocalipsis, el Señor comienza una delineación de los detalles, llenando el gran anticipo profético grande y amplio de lo que aún ha de llegar.

En Apocalipsis 12 se nos presenta a algunas de las personas que tienen que aparecer con gran peso en estos últimos días del propósito de Dios sobre la tierra. En este pasaje en Apocalipsis 12, cinco personajes se nos presentan en este orden:

- Primero, la mujer vestida del sol: la mujer radiante.
- Segundo, el gran dragón escarlata.
- Tercero, el hijo varón.
- Cuarto, Miguel.
- Quinto, el remanente de la descendencia de la mujer.

1. La identificación de la mujer radiante

- Busque Apocalipsis 12:1 para ver la descripción de esta mujer radiante:

____

____

____

____

- Se han hecho muchas identificaciones de esta mujer, y la mayoría de las personas la identifican como la Virgen María. Pero yo siento que la identificación de esta mujer radiante con la madre humana de Jesús es imposible.
- Leamos el versículo 6: "*Y la mujer huyó al desierto, donde tiene lugar preparado por Dios, para que allí la sustenten por mil doscientos sesenta días*".
- Y el versículo 14: "*Y se le dieron a la mujer las dos alas de la gran águila, para que volase de delante de la serpiente al desierto, a su lugar, donde es sustentada por un tiempo, y tiempos, y la mitad de un tiempo* (tres años y medio)".
- Después, el versículo 17: "*Entonces el dragón se llenó de ira contra la mujer; y se fue a hacer guerra contra el resto de la descendencia de ella, los que guardan los mandamientos de Dios y tienen el testimonio de Jesucristo*".
- Estos versículos la separan de María. Hay otros que dicen que esta mujer radiante representa a la iglesia. Cuando hacen eso, revierten la visión apocalíptica escrita en el capítulo 12. Decir que la iglesia dio a luz a Jesús es oponerse diametralmente a las Escrituras. Es Cristo quien dio a luz a la iglesia; la iglesia es sacada del costado de Cristo. Nacemos de su carne, su sangre y sus huesos.

- ¿Quién es entonces esta mujer radiante? Creo que está claramente identificada en todas las Santas Escrituras. En Romanos 9:4-5 Pablo describe *"que son israelitas, de los cuales son la adopción, la gloria, el pacto, la promulgación de la ley, el culto y las promesas; de quienes son los patriarcas, y de los cuales, según la carne, vino Cristo, el cual es Dios sobre todas las cosas, bendito por los siglos"*.
- El apóstol, inspirado, dice que el que dio a luz al Mesías es la nación, y la familia, y el pueblo de Israel. Es Israel quien produjo a Cristo. La nación se asemeja a una mujer que llevaba en su vientre al gran Salvador del mundo. Cristo es el fruto del vientre de Israel.
- Cuando interpretamos así el pasaje, todo en la Biblia encajará maravillosamente. Israel es llamada la mujer casada, una y otra vez. Se hace alusión a Israel como la madre, una y otra vez. Se hace referencia a Israel como una viuda y como una mujer divorciada (véase Isaías 47:7,9; Isaías 50:1)
- Siempre se alude a la iglesia como una virgen casta, una novia que algún día le será presentada a Cristo.
- Israel siempre es una madre, dando a luz hijos. Mediante el esfuerzo de Sion, le nacen hijos a Dios. Pero la iglesia, la novia de Cristo, no está casada hasta la gran cena nupcial del Cordero.
- Así que esta mujer, una madre, dando a luz al Mesías, se refiere a la nación de Israel.

2. La cronología de las profecías de Dios
   - En el versículo 6 hay una nota que cuenta toda la historia y el significado de esta revelación: *"Y la mujer huyó al desierto, donde tiene lugar preparado por Dios, para que allí la sustenten por mil doscientos sesenta días"*.
   - Después, nuevamente en el versículo 14, encontramos esa misma indicación. Una y otra vez encontramos mencionado ese mismo periodo de tiempo.
   - Así que la cronología, o la fuente de ese periodo de tiempo, es la semana setenta de Daniel, dividida en dos, que nos da tres años y medio, 1260 días, 42 meses o *"tiempo, y tiempos, y la mitad de un tiempo"*.
   - Esta es la última semana profética. A su fin, Dios traerá el reino y la gran consumación de la era vendrá.
   - Por lo tanto, cuando vamos a este libro de Apocalipsis y leemos de esta mujer huyendo al desierto, donde Dios cuida de ella durante tres años y medio, inmediatamente sabemos cuál es este periodo descrito.
   - Hemos llegado a los últimos tiempos, grandes y finales, de este mundo. A esto también se le llama *"tiempo de angustia para Jacob"* (Jeremías 30:7).
   - No olvidemos que en esta profecía de la semana setenta de Daniel, y en esos periodos de tiempo mencionados en Apocalipsis, todo este vasto periodo de tiempo en el que vivimos, la era de la gracia, se deja fuera.
   - En los versículos 5-6 de este capítulo encontramos esta gran brecha de tiempo que llamamos "el periodo de gracia en el que vivimos ahora". Busque el versículo 6, y mire el tiempo indicado:

     ____

     ____

     ____

     ____

     ____

   - Solo leyendo esto, uno pensaría que Cristo no tenía vida en absoluto. Se podría pensar que Él nunca vivió su vida, que nació siendo niño y fue arrebatado al trono de inmediato.

- No habla de su ministerio, no habla de su vida ni de su muerte. Pero Dios no está interesado en el tiempo, y por eso, en su narrativa aquí de Juan, no está presentando la vida cronológica de Cristo en orden.

3. Batalla en el cielo (versículos 7-11)
   a. Dos "maravillas" o señales.
      - El capítulo 12 es en verdad una descripción de tres escenas distintas: primero, hay una batalla en la tierra (versículos 1-6); después una batalla en el cielo (versículos 7-12); y finalmente, otra batalla en la tierra (versículos 13-17).
      - En este capítulo veremos que se nos presentan dos "maravillas". Estas dos maravillas a veces se traducen como *"señales"*, indicando un objeto con significado especial.
      - La primera señal que vimos fue la mujer en los versículos 1-2. Sabemos que esta señal, o maravilla, era una mujer: Israel.
      - La segunda señal es un dragón, que se encuentra en los versículos 3-4. La identificación de la señal se hace en el versículo 9. El dragón es Satanás, pero su descripción en estos versículos es impactante. El uso de un dragón para reflejar a Satanás indica una intensa crueldad.
      - En el versículo 3, el adjetivo *"escarlata"* indica su carácter asesino y sediento de sangre. Las siete cabezas y los siete cuernos tienen que ver con el anticristo, con la bestia que veremos en el capítulo 13. Las coronas sobre su cabeza indican un poder regio. Con su cola se dice que arrastró a una tercera parte de las estrellas del cielo y las echó a la tierra.
   b. Miguel y Lucifer.
      - Esta batalla habla de la violencia entre Miguel y el dragón. Es una batalla entre Miguel y sus ángeles, y Satanás y sus ángeles.
      - Este conflicto no es nada nuevo porque se ha producido durante todos los siglos. Estos dos se conocen y se han visto desde el comienzo del tiempo cuando Dios creó las huestes celestiales.
      - Por ejemplo, en el versículo 9 de Judas tenemos a los mismos hostigándose entre ellos: *"Pero cuando el arcángel Miguel contendía con el diablo, disputando con él por el cuerpo de Moisés, no se atrevió a proferir juicio de maldición contra él, sino que dijo: El Señor te reprenda"*. Estos son los participantes idénticos nombrados aquí en esta guerra final en el cielo.
      - Miguel y sus ángeles luchan contra Lucifer y sus ángeles. A Lucifer también se le llama *"hijo de la mañana"* en Isaías 14:12. En Ezequiel 28:14 se le describe como *"querubín grande, protector"* que significa que fue el mayor ángel que Dios creó, la más alta creación de Dios. Pero en esos días antes de que empezara el tiempo, la arrogancia llenó el corazón de Lucifer para asumir la posesión de los reinos del universo y el trono mismo de Dios. Incluso la fuerza y el poder de Miguel, el arcángel de Dios, no podía soportar la tremenda fuerza y gloria de Lucifer.
   c. La derrota de Satanás.
      - No olvidemos que el reino de este mundo no puede convertirse y no se convertirá en la soberanía de nuestro Señor Jesucristo hasta que suene la séptima trompeta, y es ahí donde estamos en el libro de Apocalipsis.
      - Notemos, en los versículos 8-9, que el resultado de la batalla es la derrota de Satanás y su ejército. Son echados del cielo a la tierra. En el versículo 9, Satanás tiene cinco títulos: dragón (naturaleza feroz), serpiente (carácter astuto), diablo (acusador o calumniador), Satanás (adversario) y engañador del mundo entero.
      - En el versículo 12 la voz del cielo anuncia un ay sobre los habitantes de la tierra porque el diablo ha sido expulsado del cielo y lanzará su guerra total en la tierra. Ahora, la única esfera de

operación para Lucifer o Satanás es sobre la tierra. También sabe que su tiempo es limitado, como veremos en este versículo.

- En esta derrota de Satanás, una voz del cielo rompe en alabanza (véase el versículo 10). Anuncia salvación en ese reino, ya que se ha conseguido una gran victoria más en la marcha hacia la inevitable victoria para Cristo.
- Notaremos que en el versículo 10 a Satanás se le llama *"el acusador de nuestros hermanos"*. Esto revela algo sobre la obra de Satanás durante los años y por qué ha sido victorioso durante esta era y en la edad pasada. Su actividad continúa día y noche delante de Dios, dejando claro así que esta ha sido, y es, su obra hasta la mitad de la tribulación, cuando será echado del cielo.
- Sí, Satanás acusa al pueblo de Dios día y noche. Nunca ha vivido un hombre que se pueda poner de pie y decir: "Yo soy puro en todos mis pensamientos. Todas estas cosas que Satanás dice de mí no son ciertas. He sido perfecto en toda mi vida". Cuando Satanás dice: "Míralo, cuán vil y pecaminoso es", todos debemos agachar nuestra cabeza avergonzados y decir: "Sí, es cierto". Pero la Biblia dice en el versículo 11: *"Y ellos le han vencido por medio de la sangre del Cordero y de la palabra del testimonio de ellos, y menospreciaron sus vidas hasta la muerte"*.

4. Una conclusión del capítulo12 (versículos 12-17)
   - Leamos el versículo 12: "¡Ay de los moradores de la tierra y del mar! porque el diablo ha descendido a vosotros con gran ira, sabiendo que tiene poco tiempo".
   - Como se anticipó, vemos en el versículo 13 que el ataque de Satanás será contra la mujer: Israel. Esto se anticipó en el versículo 6.
   - En el versículo 14, las alas del águila indican un vuelo rápido, el cual será necesario para que Israel escape de los ataques de Satanás durante este tiempo terrible de gran tribulación.
   - Personalmente creo que estas personas, Israel, encontrarán asilo, el cual les da una protección natural durante tiempo, y tiempos y la mitad de un tiempo o tres años y medio: la última parte de la tribulación. Ese refugio en el desierto será, creo yo, la ciudad abandonada de Petra al sur de Palestina.
   - Dios, a su vez, hará que la tierra se abra, quizá otro terremoto, para consumir el agua del diluvio y así salvar al pueblo perseguido. Cuando Satanás no pueda destruir o vencer a los que han huido al desierto, dirigirá su ataque al *"el resto de la descendencia de ella"* (12:17). En otras palabras, cuando Satanás se da cuenta de que no ha tenido éxito, inspirará a sus seguidores a cazar y matar a todo el que haya creído en Cristo. Notemos las palabras en el versículo 17: *"el dragón se llenó de ira contra la mujer"*, que significa que se enfureció contra Israel.
   - Leeremos en Romanos 11:5, así como en Apocalipsis 14:1-5, que hay siempre un remanente que *"guardan los mandamientos de Dios y tienen el testimonio de Jesucristo"* (12:17).
5. Un resumen del capítulo 12
   - Para resumir el capítulo 12, tenemos:
     a. Primero, la mujer, Israel
     b. Segundo, Satanás, o Lucifer
     c. Tercero, el hijo, o Cristo
     d. Cuarto, el arcángel Miguel
     e. Quinto, el remanente judío
   - Las otras dos personas involucradas las veremos en el capítulo 13, en nuestra próxima lección.

¿Cuánto recuerda?

1. ¿Quiénes son los cinco personajes que se nos presentan en el capítulo 12?
2. ¿Cómo se describe a la mujer radiante? ¿Quién es esta mujer?
3. ¿Qué señal se usa para representar a Satanás en los versículos 3-4? ¿Cómo se relacionan los adjetivos usados con el carácter de Satanás?
4. ¿Entre quiénes es la batalla en el cielo?
5. ¿Por qué se le dio alas a la mujer en el versículo 14? ¿De qué son simbólicas?

Su tarea para la próxima semana:

1. Lea Apocalipsis capítulo 13.
2. Repase sus notas de esta lección.
3. Subraye su Biblia.

Notas de la lección 14

Lección 15
APOCALIPSIS 13

El anticristo y el falso profeta

1. Un breve repaso
   - Durante el periodo de la tribulación, Satanás controlará a un hombre que reinará el mundo entero y será conocido como el anticristo.
   - Vimos la primera presentación de ese hombre de pecado con la apertura del primer sello en Apocalipsis 6:2. No aparece primero aquí en el capítulo 13, sino al comienzo de la apertura de los juicios.
   - Este anticristo fingirá ser amigo de Israel durante los tres años y medio del periodo de la tribulación, pero después les dará la espalda a la vez que Satanás es echado del cielo.
   - Creo que este será el punto en el que Satanás personalmente habitará en el anticristo. Como Satanás no tiene los poderes de ser omnipresente y solo puede estar en un lugar a la vez (y ahora está confinado a la tierra por decreto divino, como vimos en el capítulo 12), se hace visible vistiéndose con la humanidad del hombre llamado el anticristo, o el hombre de pecado.
   - Ya no puede entrar en la presencia de Dios, porque ha sido expulsado de los cielos. En su ira, desciende a la tierra sabiendo que le queda poco tiempo.
   - Apocalipsis 12:12 dice: *"¡Ay de los moradores de la tierra y del mar! porque el diablo ha descendido a vosotros con gran ira, sabiendo que tiene poco tiempo"*. Veremos en Apocalipsis 13:5 que el tiempo corto que le queda son cuarenta y dos meses, tres años y medio o 1260 días.
2. Una descripción de este hombre de pecado
   - El que se describe en estos diez primeros versículos de Apocalipsis 13 será el líder político de este mundo.
   - El que se describe en la segunda parte de Apocalipsis 13, comenzando en el versículo 11, será descrito como el líder religioso de este mundo y se le llama el falso profeta.
   - Un boceto biográfico de este hombre de pecado lo podemos encontrar en el capítulo 13, pero se le conoce con varios nombres a lo largo de la Biblia. Entre ellos, *"rey de Babilonia"* (Isaías 14:4), *"cuerno pequeño"* (Daniel 7:8; 8:9), *"el hombre de pecado"* y *"el hijo de perdición"* (2 Tesalonicenses 2:3), *"anticristo"* (1 Juan 2:18) y *"bestia"* (Apocalipsis 13:1)
   - Será un humanista supremo que cree apasionadamente que el hombre puede resolver sus propios dilemas. Estará en contra de todo lo que enseña la Biblia y parecerá tener una solución para cada problema.
3. La bestia del mar. El gobernante político de este mundo (versículos 1-10)
   - El apóstol Juan, como recordará, estaba *"en el Espíritu"*, cuando pisó por primera vez la isla de Patmos. Entonces fue tomado después al cielo, al desierto, y finalmente a una gran montaña para ver visiones.
   - Aquí, en el Espíritu, Juan está de pie sobre la orilla de un mar agitado. Una bestia se describe en Daniel 7. Mientras Juan está de pie en la arena de ese mar turbulento y feroz, ve, alzándose del mar, un monstruo. Mientras observa la tormenta y la furia del mar agitado, ve emerger una bestia.
   - El anticristo es llamado *"bestia"*, porque es eso ante los ojos de Dios.
   - ¿Por qué emerge la bestia del mar? Juan explica la figura en Apocalipsis 17:15: *"Las aguas que has visto donde la ramera se sienta, son pueblos, muchedumbres, naciones y lenguas"*. Isaías lo dijo así: *"Pero*

los impíos son como el mar en tempestad, que no puede estarse quieto, y sus aguas arrojan cieno y lodo" (Isaías 57:20).

- Así que esta figura, la bestia, surge del caos de un mundo agitado.

a. Una visión de la bestia

- Juan describe la bestia con diez cuernos, cada uno con una diadema.
- Aparecen siete cabezas que sostienen esos diez cuernos.
- Luego emerge toda la terrible criatura, él mismo.
- Su cuerpo se parece a un leopardo, sus pies como los de un oso, su boca como la de un león, sus cabezas tienen *"un nombre blasfemo"* (13:1), y dice blasfemias contra Dios, contra la morada de Dios y contra los que viven en el cielo.

b. La interpretación de la visión de la bestia

- Dios nos ha dado, en esta visión de la bestia monstruosa llamada el anticristo, un símbolo del último poder político que dominará esta tierra.
- Este es el fin del gobierno mundial. La soberanía de naciones, reinos, reyes y gobernantes pasó.
- Esta visión nos lleva de vuelta al libro de Daniel. Ahí, en el capítulo 2, se ve una visión similar, con cada parte del cuerpo de la bestia representando un reino político. Apocalipsis 17 también aporta pistas para la interpretación de este capítulo.
- En el capítulo 17 se nos dice que las siete cabezas son las siete montañas, describiendo la ciudad capital. Las siete cabezas son también siete reyes: *"Cinco de ellos han caído; uno es, y el otro aún no ha venido"* (Apocalipsis 17:10).
- Combinando la información de Daniel 7, Apocalipsis 17 y Apocalipsis 13, estoy seguro de que Juan escribió en ese día y en ese tiempo, y creo que, al ponernos en su posición, vemos que los cinco reyes caídos son los cinco imperios antiguos que precedieron al día del apóstol. El primer reino fue Asiria, que es la antigua ciudad de Nínive. El segundo reino fue Egipto, con sus pirámides y especificaciones astrológicas. El tercer reino fue el imperio babilónico del tiempo de Daniel, que realizaban artes negras. El cuarto fue el imperio medo-persa que fue esclavizado por los babilonios. El quinto reino fue el imperio griego, con sus religiones idólatras.
- Estos son los cinco que han caído, pero ¿qué hay de los otros dos? *"uno es"* se refiere a un reino existente en los días de Juan: el Imperio Romano. El reino que *"aún no ha venido"* es el gran dominio político final presidido por el anticristo, que es el gobierno mundial en su última forma.
- Apocalipsis 17:12: *"Y los diez cuernos que has visto, son diez reyes, que aún no han recibido reino"*. Desde el punto de vista de Juan, los diez cuernos eran reinos futuros.
- El último gobierno apocalíptico de este mundo se dividirá en diez reinos, y *"Estos tienen un mismo propósito, y entregarán su poder y su autoridad a la bestia"* (17:13). Ellos cederán voluntariamente su soberanía y su dominio a este gran regente supremo, aquí descrito como una bestia, que presidirá la tierra con autoridad y poder.
- En Apocalipsis 12:3 se nos presenta a Satanás, o el dragón: *"También apareció otra señal en el cielo"*. Esa señal o símbolo se sigue describiendo aquí en el capítulo 13, pero en forma humana. Este es Satanás encarnado, en la carne. Este es el reino personal de Satanás sobre la tierra.
- Según esto, entonces, debemos estar de acuerdo en que la bestia aquí descrita es un hombre, una persona en concreto. Esta, en el capítulo 13, es la delineación de Dios de este hombre. Todas estas bestias e imágenes lo describen.

- Sabemos que es un hombre porque está claro en la descripción de su derrocamiento final en Apocalipsis 19:20, que dice: *"Y la bestia fue apresada, y con ella el falso profeta… Estos dos fueron lanzados vivos dentro de un lago de fuego que arde con azufre"*.
- Solo puede haber un líder de este último gobierno mundial. Esta es una descripción de un hombre, y ese hombre es el anticristo final.
- Una de las afirmaciones más destacables de toda la Palabra de Dios está escrita por el mismo apóstol en 1 Juan 2:18, donde dice: *"Hijitos… según vosotros oísteis que el anticristo viene…"*.
- Oyeron que el anticristo iba a venir porque toda la enseñanza y el testimonio de la Palabra de Dios hablaba de esa venida. Esa doctrina o revelación común, dondequiera que se predicaba la Palabra de Dios, era parte de cada marco de la santa revelación de Dios, enseñando claramente que habría una llegada de un anticristo postrero y final.

4. Su atractivo personal (versículos 4-5)
   - Este hombre será un poder personal fascinante e intrigante. Será uno de los hombres mortales más magnéticos que haya caminado jamás por el escenario de la historia humana.
   - Apocalipsis 13:2-4: *"Y el dragón* [Satanás] *le dio su poder y su trono, y grande autoridad… y se maravilló toda la tierra en pos de la bestia, y adoraron al dragón que había dado autoridad a la bestia, y adoraron a la bestia, diciendo: ¿Quién como la bestia, y quién podrá luchar contra ella?"*.
   - Satanás da al anticristo su poder, su trono, y su autoridad. Por lo tanto, este hombre acepta el regalo que Jesús rechazó cuando Satanás le ofreció lo mismo: todos los reinos de este mundo (véase Mateo 4:1-11). Ahora el anticristo acepta el mismo regalo y toda la tierra lo aclama como la encarnación misma de gloria, sabiduría, fuerza, poder y honor.
   - Este hombre de pecado será recibido con alegría y los reyes de la tierra le entregarán su autoridad, porque *"¿Quién como la bestia?"*.
   - Del caos y la violencia de la historia humana siempre surge uno de estos líderes. Del caos y la sangre de la revolución francesa vino Napoleón; de la caótica revolución del movimiento obrero salió Lenin; del caos y terrible revolución de los años treinta salió Hitler. Siempre de la agitación del caos social surge un anticristo. Lo mismo sucede con este.
   - Cuando lo vimos en el capítulo 6, estaba montando un caballo blanco, que venía para vencer. En medio de este caos y desesperación, los reyes y gobernantes de la tierra le ceden alegremente la autoridad y el dominio de los gobiernos del mundo. Lo aclaman como salvador de la raza.
   - Creo que estamos viviendo en un tiempo en el que un hombre así, en el tiempo de Dios, podría aparecer en escena. Nunca en la historia de este mundo ha habido diez naciones que pudieran llamarse "un imperio romano revivido", el cual el profeta Daniel llamó *"un reino, que no será jamás destruido"* (Daniel 2:44), o el *"uno es"* del tiempo de Juan. Pero ahora vemos ocurrir esto.
5. Tendrá un poder milagroso
   - El anticristo será capaz de engañar a la gente para que crean que su poder milagroso es real.
   - Notaremos que comienzan a adorarlo después de que se produzca un milagro en los versículos 3-4: *"Vi una de sus cabezas como herida de muerte, pero su herida mortal fue sanada… y adoraron al dragón que había dado autoridad a la bestia"*.
   - Esto indica que Satanás tendrá poderes milagrosos para sanar.
6. El libro de la vida
   - En el versículo 8, Juan habla de un libro llamado *"el libro de la vida del Cordero que fue inmolado desde el principio del mundo"*.
   - Aquellos cuyos nombres no estén escritos en ese libro adorarán al anticristo.

- Satanás se pondrá furioso con aquellos cuyos nombres estén en el libro de la vida porque confiaron en Cristo.

7. El ánimo de Dios (versículos 9-10)
   - Dios concluye este pasaje con la frase: *"Si alguno tiene oído, oiga"* (13:9).
   - Esta expresión se encuentra muchas veces en la Palabra del Señor. La encontramos en Mateo, Lucas y siete veces en Apocalipsis 2 y 3, cada vez que el Señor habla a una de las iglesias. Pero notemos aquí la diferencia.
   - En los capítulos 2 y 3 dijo: *"El que tiene oído, oiga lo que el Espíritu dice a las iglesias"*. Esta es la Palabra del Señor siete veces, pero no tenemos esa última frase aquí.
   - Solo tenemos la afirmación: *"Si alguno tiene oído, oiga"*. No tenemos la última frase, que dice: *"lo que el Espíritu dice a las iglesias"*.
   - Esto es porque la iglesia se ha ido; fueron sacados de este mundo antes de la tribulación. Pero a los santos que acuden a Dios en esta hora temible y sangrienta, les dice: *"Si alguno tiene oído, oiga"*.
   - De una forma u otra, por todo el mundo habrá creyentes que tendrán que sufrir bajo las manos de esta criatura satánica llamada el anticristo. Oigamos las palabras finales en esta parte de las Escrituras: *"Aquí está la paciencia y la fe de los santos"* (13:10). Dios no se olvida de las pruebas sufridas en su nombre. El Señor limita el grado de la persecución; aquí es de cuarenta y dos meses.
   - En la voluntad permisiva de Dios, cada tirano, cada anticristo que ha aparecido en escena, o que aparecerá, soporta solo según la voluntad permisiva de Dios. Como leemos en el versículo 10: *"Si alguno lleva en cautividad, va en cautividad; si alguno mata a espada, a espada debe ser muerto"*.
   - Este es un cuadro del anticristo. Ahora estudiamos a su compañero, el líder religioso enmarcado y dibujado para nosotros en la segunda mitad de este capítulo.
8. El vil falso profeta (versículos 11-18)
   a. La segunda bestia
      - Los diez primeros versículos de Apocalipsis 13 describen al anticristo político y final. Ahora, comenzando en el versículo 11, Juan describe al falso profeta en una de las visiones más instructivas que podamos encontrar en el apocalipsis.
      - Este capítulo comienza con la descripción de una bestia que sale del mar.
      - Una segunda bestia surge de la tierra, y en los capítulos y en los capítulos 16, 19 y 20 se le llama "el falso profeta". Parece un cordero, también tiene dos cuernos como un corderito, pero cuando habla su voz le traiciona, porque tiene la voz de un dragón y el corazón de una serpiente.
      - Ejerce autoridad y poder militar en el nombre del anticristo. Hace cosas milagrosas al usar el poder del estado para forzar a todo el mundo a postrarse y ajustarse a su programa y a la voluntad de la primera bestia: el anticristo.

   b. Contraste entre la primera y la segunda bestia
      - La primera bestia surge del mar; la segunda bestia surge de la tierra. En la agitación, riña y conflicto feroz de las razas, naciones y órdenes económicos, este anticristo final surge para presidir sobre el poder y la fuerza del mundo entero. Todos los dictadores surgen de una perturbación social. Esta segunda bestia surge de la tierra. Sale de un orden civil establecido. No sale del caos, como lo hace la primera bestia, sino más bien es un producto de una sociedad ordenada.
      - La primera bestia es política; la segunda bestia es religiosa. La primera bestia está coronada como rey y como gobernador militar sobre el mundo. Esta segunda bestia es como un

cordero, ejerciendo poder para engañar a todo el mundo para que acepten la autoridad, el programa y la deidad escogida por sí mismo del anticristo. A medida que este anticristo construye un reino para sí mediante la soberanía cedida de los diez reyes, tiene a su lado a un compañero: el falso profeta.

- La primera bestia y la segunda bestia se ayudan y apoyan la una a la otra. Esto es inusual porque en el reino del mal veremos que los líderes se destruyen unos a otros. Así es el reino de la oscuridad y el mal, destruyéndose a sí mismo. Por eso esta profecía de Apocalipsis es sorprendente. Estos dos actúan como hermanos de sangre. Uno da autoridad, apoyo económico y poder político al otro, y el otro lo toma y lo usa para el apoyo tremendo, increíble e inmensurable del primero.

9. El falso profeta con aspecto de cordero
   - La apariencia del falso profeta es muy distinta de la primera bestia, y menos pretenciosa.
   - Tiene dos cuernos (en lugar de diez), como un cordero. ¿Qué podría ser más dulce o tierno que alguien que aconseja a la gente, que intenta hacerles conscientes de Dios, que asegura su felicidad y resuelve sus problemas?
   - Este compañero, el falso profeta, tiene una "delicadeza" que engaña. De los dos, es mucho más peligroso, porque cualquier hombre que se propone guiar y mandar en la conciencia, mente, corazón y alma de los hombres tiene en su poder una autoridad increíble sobre la humanidad.
   - Por esta descripción sabemos que él es un producto de un cristianismo apóstata y pervertido.
   - Una segunda cosa a destacar de él es que imita todas las cosas que son del Señor. Por ejemplo, Pablo dijo: "*porque yo traigo en mi cuerpo las marcas* [stigmata] *del Señor Jesús*" (Gálatas 6:17). En Apocalipsis 7 encontramos esas stigmatas, las marcas o sellos de Dios, sobre Israel. En el capítulo 14 las volvemos a encontrar sobre los 144 000. Las encontramos en los santos de Dios en el cielo: la marca de Cristo, la marca de Dios. Pero este individuo, el falso profeta, tiene una marca que pone en la mano y en la frente de todos sus seguidores.
   - Otra cosa asombrosa sobre él es que es capaz de hacer milagros.
   - El desarrollo más impactante es el uso que hace el falso profeta de su autoridad y poder para promover la adoración idólatra.
   - El falso profeta, el que se asemeja a un cordero, intentará duplicar la iglesia cristiana y convencerla para que le siga. Será esta idolatría increíble lo que sucederá durante los días del anticristo.
   - Quizá recuerde que el primer gran reino del mundo estaba representado por una imagen tremenda. Ese primer imperio mundial era la soberanía dorada de Nabucodonosor (véase Daniel 3:1). Él envió un decreto por el que todos debían postrarse ante su dios de oro. Cuando vemos este último reino del siglo, la humanidad repite esa misma debilidad.
   - Apocalipsis 13:14-17 describe el terrible mandato del falso profeta. Hay un programa idólatra a seguir y una imagen que adorar, y si alguien no obedece, él o ella será violentamente obligado por una autoridad política, financiera y militar dada a este falso profeta.
10. El asombroso número 666 (versículo 18)
   - El falso profeta dice: "*Aquí hay sabiduría. El que tiene entendimiento, cuente el número de la bestia, pues es número de hombre. Y su número es seiscientos sesenta y seis* [666]" (3:18). Esa es la personalidad apocalíptica más infame de toda la historia y la literatura.
   - Aunque hay mil especulaciones sobre lo que esto significa, hay una cosa que sabemos: el seis es el número del hombre. El número seis significa no llegar a la perfección. El hombre fue creado en el sexto día. También debe trabajar seis de los siete días. Un esclavo hebreo no podía ser esclavo más

de seis años. Los campos no se debían sembrar más de seis años seguidos y después se les debía dejar en barbecho, darles un año sabático.

- Hay una trinidad de seises aquí. La bestia, en su número, representa la penúltima de toda la ingenuidad humana. Lo máximo que la humanidad será capaz de obtener estará por debajo de la perfección: el siete. Él mismo es un seis, su gobierno nacional es un seis, y todo el programa mediante el que busca hacer una religión mundial es ese desalentador seis.
- Si el apocalipsis hubiera terminado con el capítulo 13, nuestra vida sería la más desalentadora y estaría llena de desesperación. Pero al pasar las páginas más adelante en esta profecía, encontramos la perfección.
- Aquí está el Espíritu Santo perfecto, los siete espíritus de Dios. Después está el siguiente mundo, santo y bendito, la bendición que Dios ha derramado sobre su nueva creación. Solo los cristianos conocerán la perfección, y nuestra configuración, nuestro gobierno final y definitivo y nuestra maravillosa salvación, estarán en manos del Cordero de Dios. Los que afirmamos el nombre de Cristo no tendremos la marca de la bestia.

11. Un breve resumen del falso profeta

- Estas son las cosas que debemos recordar de este falso profeta:
    a. Ejerce una autoridad ilimitada — versículo 12.
    b. Obliga a la gente a adorar al anticristo — versículo 12.
    c. Realiza grandes milagros — versículo 13.
    d. Engaña a la población — versículo 14.
    e. Obliga a la gente a adorar la imagen del anticristo en el templo — versículo 14.
    f. Asesina a todo aquel que se opone — versículo 15.
    g. Fuerza a la gente a recibir la marca de la bestia — versículo 16.
- Cuando leemos el versículo 14 nos damos cuenta de que él hace que la gente haga una imagen de la bestia. Después, en el versículo 15, tiene el poder para dar vida a la imagen de la bestia. Creo que esta imagen se levantará en medio del templo reconstruido.
- ¿Qué les ocurrirá a los millones de personas que están de acuerdo con las amenazas del falso profeta y reciben la marca de la bestia? Las Escrituras nos dicen en Apocalipsis 14:9-10:

> *Si alguno adora a la bestia y a su imagen, y recibe la marca en su frente o en su mano, él también beberá del vino de la ira de Dios, que ha sido vaciado puro en el cáliz de su ira; y será atormentado con fuego y azufre delante de los santos ángeles y del Cordero.*

- El título de "anticristo" se ha discutido a lo largo de la historia. Algunas personas piensan que esta segunda bestia es el anticristo, porque tiene que ver, principalmente, con asuntos religiosos, mientras que la primera bestia tiene que ver principalmente con actividades políticas.
- La primera bestia es obviamente un líder religioso en un sentido: es él quien será adorado, no la segunda bestia. A mí me parece que la etiqueta de "anticristo" se debe usar para el personaje más importante, y ese, obviamente, es la primera bestia.
- En mi mente, la primera bestia es el anticristo, el hombre de pecado (véase 2 Tesalonicenses 2:3), el pequeño cuerno (vea Daniel 7:8), el príncipe que ha de venir (véase Daniel 9:26) y la bestia (véase, por ejemplo, Apocalipsis 11:7; 14:9).
- Pasamos ahora a estudiar a esos benditos 144 000 con el Cordero en el Monte Sion, y eso será otro interludio.

¿Cuánto recuerda?

1. ¿Cómo liderarán el mundo el hombre de pecado y el falso profeta?
2. ¿Qué ve Juan salir del mar? ¿Qué representa el mar?
3. ¿Cómo se describe a la primera bestia y cómo se puede interpretar esa visión?
4. Describa al hombre de pecado. ¿Cómo será recibido y qué habilidades tendrá?
5. ¿De dónde surge el falso profeta y cuál es su aspecto?
6. ¿Qué es capaz de hacer el falso profeta?
7. ¿Qué significado conlleva el número 666?

Su tarea para la próxima semana:

1. Lea Apocalipsis capítulo 14.
2. Repase sus notas de esta lección.
3. Subraye su Biblia.

Notas de la lección 15

Lección 16
APOCALIPSIS 14

Los 144 000 sobre el Monte de Sion

1. El capítulo 14 es la contraparte del capítulo 13
   - Estos dos capítulos son contemporáneos en la historia. Estas cosas suceden todas a la vez.
   - Por un lado, está la oscura destrucción de la bestia, de Satanás, y del juicio de Dios sobre los que adoran la imagen de la bestia.
   - A la vez, como contraste, se nos da esta bonita escena de estos gloriosos seres que sirven a Dios, y solo a Dios.
2. La visión
   - La visión comienza con Juan viendo *el* Cordero (no "un" cordero) y 144 000 sobre el Monte de Sion.
   - El monte de Sion es una referencia a la Jerusalén celestial de Hebreos 12:22. Como los 144 000 están delante del trono (véase el versículo 3), parece más natural entender Sion como la ciudad celestial.
   - Más importante es que los 144 000 están ahora con el Cordero. Cuando el grupo se presentó por primera vez, estaba sobre la tierra (véase Apocalipsis 7:1-3), pero ahora está en el cielo.
   - Quizá se pregunte si estos 144 000 es el mismo grupo del capítulo 7. Estas son algunas pistas que demuestran que este número se refiere al mismo grupo:
     a. Primero, los 144 000 cantan su nuevo canto en presencia de los ancianos. Así que debe haber una diferencia entre los ancianos y los 144 000.
     b. Segundo, es el mismo número en el texto. No es la primera vez que hemos conocido a los 144 000. Se nos presenta ese mismo número en Apocalipsis 7, y aquí, en el capítulo 14, el número se presenta como si los hubiésemos visto antes. No hay nada en ellos para distinguirlos de los 144 000 que conocimos antes. El número es muy inusual, y toda la situación es tan destacable que podríamos suponer que la referencia en ambos capítulos es la misma.
   - Apocalipsis 7:3-4 dice esencialmente: "Espera hasta que hayamos sellado a los siervos, los ministros de Dios en sus frentes. Y oí que el número de los sellados era 144 000". Después Juan enumera doce mil que saldrán de cada tribu de Israel.
   - Debemos notar que todas estas personas, sus grupos separados, están juntos en la misma visión. Aquí están los ancianos, y ahí están los 144 000 sellados de Dios. Aquí, en la misma visión, a la misma vez, están las grandes masas de gentiles que están delante de Dios y del Cordero, vestidos con túnicas blancas, de toda raza, pueblo, nación, lengua y tribu bajo el sol. Están aquí todos juntos.
   - Así, al intentar encontrar lo que Dios quiere decir con estas maravillosas revelaciones, permítame darle esta sencilla explicación: primero, los ancianos, veinticuatro en número, representan a los santos glorificados de Dios en el Antiguo y Nuevo Testamento: los doce patriarcas y los doce apóstoles de pie delante de Dios.
   - El mismo simbolismo se encuentra aquí en la hermosa ciudad de Jerusalén. Hay doce puertas, cada una representando a uno de los doce patriarcas, una de las doce tribus de Israel. La ciudad tiene doce columnas, cada una representando el nombre de un apóstol. La ciudad representa lo viejo y lo nuevo, todos los santos de Dios, la antigua dispensación y la nueva dispensación. La gran multitud que sale de toda nación, lengua y tribu son los que han sido ganados para Cristo mediante estos 144 000 mensajeros sellados de Dios.

- En Apocalipsis 14:4 se alude a los 144 000 como las *"primicias"*. Estos 144 000 deben ser las primicias para Dios de esta nueva era, tribu y periodo después del traslado de la iglesia, después del rapto del pueblo de Dios, representados por los ancianos coronados y entronados en el cielo.
- Antes de que comiencen esos últimos días de tribulación, Dios dice, básicamente: "Primero, séllame a esos 144 000". Ellos son los primeros apartados, llamados aquí *"primicias para Dios y para el Cordero"* (14:4).
- Después Juan vio a la gran multitud de los gentiles, la cual ningún hombre podía contar, saliendo de la gran tribulación vistiendo túnicas lavadas y blanqueadas con la sangre del Cordero.
- Así, estos 144 000 son las primicias para Dios en el nuevo comienzo, del tiempo después de los días de los gentiles.
- Cuando nuestra presente historia haya terminado, cuando la iglesia se haya ido y la era de la gracia haya pasado, cuando Dios haya tomado a su pueblo de la tierra y hayamos sido raptados y trasladados, entonces llega este día final descrito aquí en el apocalipsis.

3. Atributos de los 144 000

- En el capítulo 7 vemos a los 144 000 en su ministerio sobre la tierra. En el capítulo 14 vemos a los 144 000 sobre el Monte de Sion con el Cordero. Su tarea ha terminado, su obra está hecha, y están siendo recompensados por el Señor Dios por su dedicada fidelidad.
- Notemos los atributos de estos inusuales predicadores de Cristo.

   a. Primero, durante un tiempo en el que tener la marca de Dios y confesar a Cristo como Señor significaba morir, estos evangelistas son preservados del martirio por el Espíritu de Dios.

   b. También, notemos su número completado. En el capítulo 7 Dios sella a 144 000. Aquí, al final, cuando terminan su ministerio y son contados delante de Dios, son exactamente 144 000, no falta ni uno. Cuando aplicamos esto a nosotros mismos, simplemente significa que cuando nuestros nombres están escritos en el libro de la vida del Cordero, están ahí para siempre. Cuando un hombre se salva, se salva para siempre.

   c. En el versículo 3 notamos otro atributo de este grupo: cantan un nuevo canto que nadie más puede cantar sobre la tierra. Son distintos, y en este tiempo en particular han tenido un ministerio único y separado. Estos 144 000 componen un ministerio único para el Señor y nadie podrá cantar ese canto, excepto ellos. Esto no quiere decir que se les niegue a los demás. Los ancianos están ahí y son separados y distintos de los 144 000. Estos ancianos están coronados, entronados y sentados. Los 144 000 no están coronados, no están entronados y no están sentados. Están en órdenes distintos. El grado de exaltación de estos 144 000 es desconocido, pero no son exaltados como los ancianos, ni como usted va a ser exaltado. Así como cada uno es distinto aquí abajo, igual vamos a ser distintos arriba.

   d. En el versículo 4, el texto dice que los 144 000 son vírgenes y que *"siguen al Cordero por dondequiera que va"*. Esto no se refiere al celibato, sino a la separación de la fornicación y el adulterio espiritual. Un ejemplo de esto lo da Pablo en 2 Corintios 11:2, que dice: *"pues os he desposado con un solo esposo, para presentaros como una virgen pura a Cristo"*. Del mismo modo, cuando el texto describe a estas personas en Apocalipsis como vírgenes, se refiere al hecho de que se han separado de la corrupción de la tierra.

   e. En el versículo 5 encontramos estas palabras: *"y en sus bocas no fue hallada mentira, pues son sin mancha delante del trono de Dios"*. Eso describe al pueblo de Dios. No se necesita que un cristiano ponga su mano sobre la Biblia para jurar que lo que dice es cierto. Cuando dice algo, así es. Este versículo describe la santificación final de estas personas.

4. Los ángeles mensajeros (versículos 6-13)

- Hay siete ángeles mensajeros que hacen anuncios tremendos con respecto a la consumación del siglo.
   a. El primer ángel mensajero (véase el versículo 7) es un predicador, anunciando el evangelio del Hijo de Dios y llamando a los hombres en todo lugar a que se arrepientan.
      - En los días del apocalipsis, cuando el testimonio de los siervos de Dios se ahogue en sangre, seguirá habiendo un testimonio. Aún queda este ángel mensajero que aparece en el cielo y anuncia hasta los confines de la tierra el evangelio eterno del Hijo de Dios.
      - En el versículo 7, el mensaje que predica este ángel es triple: teme a Dios, dale gloria y adora a aquel que hizo el cielo, la tierra y el mar.
   b. El segundo ángel mensajero (versículo 8) anuncia la caída de Babilonia.
      - Este capítulo es algo parecido al índice para el resto del libro. El ángel anuncia la caída de Babilonia, pero la descripción real de esa caída la estudiaremos en los capítulos 17 y 18.
      - Notaremos la repetición de las palabras *"ha caído"*, que enfatiza la certidumbre de la profunda destrucción de Babilonia, la cual será destruida por su propia fornicación y porque ha infectado a todas las naciones de la tierra.
   c. El tercer ángel mensajero (versículos 9-11) anuncia el tormento eterno de los que adoran y siguen a la bestia.
      - Los que adoren a la bestia y su imagen, y los que reciban su marca, serán castigados.
      - Notemos en los versículos 10-11 que el castigo descrito es tan terrible como cualquier cosa que ocurre en cualquier otro lugar de la Biblia.
      - Leamos las palabras: *"él también beberá del vino de la ira de Dios, que ha sido vaciado puro en el cáliz de su ira; y será atormentado con fuego y azufre"* (14:10).
   d. El quinto mensajero anuncia la siega de la cosecha de la tierra (versículos 14-16).
      - En los versículos 12 y 13 se nos presenta el maravilloso mensaje con respecto a los que mueren en el Señor.
      - Notaremos que esta no es una observación de Juan, sino un mandamiento, un mandato, un decreto de Dios Padre en el cielo: *"Oí una voz que desde el cielo me decía: Escribe..."* (14:13).
      - Este es el veredicto de Dios con respecto a sus hijos que mueren en la tierra, es decir, los que son bienaventurados del Señor.
      - Estas palabras están escritas para los que fueron martirizados y perecieron en ese día de horrible prueba y tribulación, pero el consuelo, seguridad y fortaleza de ello es para todos los santos de Dios de todas las generaciones.
      - Notemos las palabras: *"Bienaventurados de aquí en adelante los muertos que mueren en el Señor"* (14:13). La Biblia, sin excepción, declara la verdad consoladora de que, al morir, inmediatamente somos bienaventurados; no en algún otro momento, no en alguna otra era, sino en el momento de la muerte, el hijo de Dios es bienaventurado al ser recibido en la presencia del Señor.
      - Leamos el versículo 13: *"Sí, dice el Espíritu, descansarán de sus trabajos"*. Esas dos palabras, *"descansarán"* y *"trabajos"*, describen la vida en el cielo de forma muy distinta a la idea popular de nuestros días. La mayoría concibe la vida en el cielo como sentarse en una nube, pero eso no es el retrato de nuestra vida eterna en la gloria. La revelación de Dios para nosotros es esta: la vida venidera estará llena de intensa actividad. Hay un trabajo celestial que hacer para la alabanza y gloria de Dios que nunca terminará. La palabra "descansar" no significa

inactividad, sino refresco y rejuvenecimiento. La palabra *"trabajo"* significa "desgaste" o la fatiga y el esfuerzo de la actividad laboriosa. Cuando sirvamos a Dios en la gloria que ha de venir, cada actividad será con un nuevo refrigerio.

- Las últimas palabras de este mismo versículo son: *"porque sus obras con ellos siguen"*. Nuestras obras no preceden, sino siguen a nuestro compromiso de fe. Esto es así a lo largo de todas las Escrituras. La fiel enseñanza aquí en Apocalipsis 14 es que la gracia y el amor de Jesús nos preceden: no nuestras obras primero, sino nuestras obras después. Dios dice que todas las tareas terrenales y trabajos se convierten en una recompensa eterna para los que durmieron en Cristo. Cuando un hombre muere, no muere; sus obras le siguen y se multiplican, una tras otra. Por lo tanto, las recompensas no serán dadas hasta que el Señor Jesús diga que es el tiempo de que aparezcamos delante del tribunal de Cristo.

e. Los dos últimos ángeles mensajeros anuncian la batalla de Armagedón el día grande y final del Señor (versículos 17-20).
   - El primero de estos dos ángeles mensajeros tenía una hoz aguda.
   - El segundo ángel, que tenía poder sobre el fuego, manda al primer ángel que use su hoz para segar la tierra y *"vendimia los racimos de la tierra"* (14:18) y *"echó las uvas en el gran lagar de la ira de Dios"* (14:19).

5. La cosecha de la tierra, según lo anunciaron los ángeles
   - Hay dos visiones aquí en esta sección de las Escrituras. La primera visión se narra en los versículos 14-16, la segunda en los versículos 17-20.

   a. La primera visión es de una cosecha. Usa una terminología relativa a la cosecha del trigo.
      - La supervisa personalmente el Hijo del hombre, quien, como se predijo en una parábola de Jesús (véase Mateo 13:39-43), es cuidadoso en recoger todo el trigo y separarlo de la cizaña. Esta parábola en Mateo explica esta primera visión.
      - Jesús no hace Él mismo la división. En cambio, ve atentamente la separación del trigo y la cizaña para que ningún creyente (trigo) sea juzgado con la cizaña (incrédulos).
      - Esta obra de separación la hace el sexto ángel, y sucede justo antes de la triunfante reaparición del Señor en la tierra al final de la tribulación. El día de gracia se termina en este punto.

   b. La segunda visión, en los versículos 17-20, es muy distinta de la primera en cuanto a que el Hijo del hombre no supervisa la cosecha.
      - Esta cosecha la hace el séptimo ángel del cielo.
      - Esta visión hace referencia a un holocausto definitivo y horrible que está profetizado en toda la Palabra de Dios.
      - Desde el altar vino un ángel que tenía poder sobre el fuego.
      - Esta visión describe el último día de la voluntad permisiva de Dios para la maldad y el rechazo.
      - La vid de la tierra se usa como un contraste con la vid del cielo. La viña de la tierra es la viña del rechazo, de la incredulidad y de la falta de arrepentimiento.
      - Notemos que fueron las uvas las que fueron echadas al lagar, pero cuando fueron aplastadas bajo el pie del Todopoderoso omnipotente, salió sangre de ellas. Era una cantidad tal de sangre que llegó hasta los frenos de los caballos y fluyó por espacio de mil seiscientos estadios.

- La palabra "estadios" es una medida de un octavo de milla. Así, a lo largo de trescientos veinte kilómetros, había un río de sangre en esta catástrofe final del día del Todopoderoso.
- Esa es la primera referencia en el libro de Apocalipsis a la indescriptible, asombrosa y terrible batalla final llamada la guerra de Armagedón.

¿Cuánto recuerda?

1. ¿Cuál es la diferencia entre los 144 000 del capítulo 7 y aquí en el capítulo 14?
2. Describa los atributos de los 144 000.
3. Repase los siete ángeles mensajeros. ¿Qué anuncia cada uno?
4. Lea el versículo 13, especialmente las palabras "*descansar*" y "*trabajos*". ¿Cuál es la creencia popular sobre la vida venidera, y cómo pretende Dios que sea esa vida según su revelación?
5. Describa las dos visiones de la cosecha en los versículos 14-20. ¿En qué se diferencian?

Su tarea para la próxima semana:

1. Lea Apocalipsis capítulo 15.
2. Repase sus notas de esta lección.
3. Subraye su Biblia.

Notas de la lección 16

Lección 17

APOCALIPSIS 15

1. El preludio de los últimos juicios
   - Los capítulos 15 y 16 van juntos. Son parte de la misma visión, describiendo las siete plagas finales que salen de la séptima trompeta, o el último ay.
   - Los capítulos 15 y 16 salen del juicio de la última trompeta. Encontramos parte de esto en la última parte del capítulo 11, sobre un templo de Dios que se abrió en el cielo (11:19). Ese templo aparece aquí, de nuevo, en estos dos capítulos.
   - La delineación de ese juicio se encuentra en los capítulos 15 y 16.
2. *"Vi en el cielo otra señal"* (15:1).
   - En el libro de Apocalipsis hay siete "maravillas" o "señales". Aquí encontramos la quinta señal o maravilla, al comienzo del fin.
   - En el primer versículo destacan dos palabras. Las palabras *"postreras"* y *"consumaba"*, o completaba.
   - El énfasis en este versículo está en la palabra *"postreras"*, que en el original griego se deletrea *eschatas*. La palabra escatología, la doctrina de las últimas cosas, viene de esta palabra.
   - Notemos que la palabra *"consumaba"* significa que la ira de Dios se completó.
3. La visión del mar mezclado con fuego
   - En el versículo 2, Juan dice: *"Vi también como un mar de vidrio mezclado con fuego"*. Este mar también apareció en el capítulo 4, versículo 6, pero aquí está mezclado con fuego.
   - Recordemos que esta es una visión y es también una señal, así que Juan ve el mar delante del trono de Dios, ve el templo que ha salido de la gran tribulación y prueba.
   - El grupo se identifica claramente con los que vencieron sobre la bestia, aunque les costó su vida.
   - Aquí, están de pie en el mar de cristal, están cantando y tienen las arpas de Dios. Se están alegrando por el hecho de que consiguieron la victoria sobre la bestia. El tipo de triunfo que estos mártires de la tribulación experimentarán es liberación *a través* del fuego, no *del* fuego.
4. El cántico del Cordero
   - En el versículo 3: *"Y cantan el cántico de Moisés siervo de Dios, y el cántico del Cordero"*.
   - Es extraño que el primer canto descrito en la Palabra de Dios esté en el capítulo 15 de Éxodo: el canto de Moisés. El último canto escrito en la Biblia está aquí, en el capítulo 15 de Apocalipsis.
   - En Éxodo 15, los hijos de Israel cantan el cántico de Moisés porque es un cántico de redención de la esclavitud.
   - El cántico del Cordero en Apocalipsis 15 es un cántico de redención del pecado.
   - La sustancia de ambos cánticos es las obras poderosas de Dios. Notemos algunas de estas palabras de ese cántico en el versículo 3:
     a. Dios es todopoderoso.
     b. Él es justo y verdadero.
     c. Él es el rey de los santos (esto se refiere a naciones, no a creyentes).
     d. Él es santo, y por esta razón los hombres deberían temerlo y glorificarlo.
     e. Él será adorado por las naciones, refiriéndose al tiempo del establecimiento del reino.

5. El tabernáculo celestial

- En los versículos 5-8, la atención de Juan se dirige a otra vista que corta la respiración. El tabernáculo celestial, en base al cual fueron confeccionados el tabernáculo y el templo terrenales, se abrió y a Juan se le permitió mirar el lugar santísimo.
- Este concepto de un tabernáculo en el cielo ha sido algo difícil de entender para muchas personas. Recordemos que Dios le dio a Moisés instrucciones específicas sobre cómo construir el tabernáculo en el desierto y le dijo que tenía que hacerlo en base al mismo patrón que el del cielo.
- A veces, en las Escrituras se nos dan destellos de ese tabernáculo. El escritor de Hebreos saca muchos paralelismos entre la función del sacerdote en el tabernáculo terrenal y Cristo, nuestro sumo sacerdote, en el tabernáculo celestial.
- Busque Apocalipsis 15:5:

____

____

____

____

- El templo del tabernáculo del testimonio se refiere al lugar santo. Está abierto para que siete ángeles sean revelados. Están vestidos de lino blanco y puro. Están vestidos como sacerdotes, y en sus manos tienen las siete copas de oro llenas de la ira de Dios.
- "Copa" significa cuenco poco profundo, a menudo llamado *incensario*. En ellos se colocó la ira de Dios sacada del altar, y se derramó el incienso sobre los carbones para que ardiera delante de Dios.
- Uno de los querubines (uno de los cuatro seres vivientes), entregó estos incensarios de oro a los siete ángeles.
- Recordaremos a estos cuatro seres vivientes del capítulo 6, donde son instrumentos de juicio. Recordaremos que uno de ellos dijo: "Ven" y un caballo blanco entró en escena. Después dijo otro: "Ven", y vino el caballo bermejo, y así sucesivamente. Son estos querubines los que dan a estos siete ángeles las siete copas o incensarios del juicio de Dios.
- Cuando los siete ángeles reciben los incensarios, *"el templo se llenó de humo por la gloria de Dios, y por su poder; y nadie podía entrar en el templo hasta que se hubiesen cumplido las siete plagas de los siete ángeles"* (15:8).
- Esto significa que la interdicción grande y final de Dios ha llegado. Cesa toda mediación y el pecado imperdonable grande y final se ha cometido, y ningún hombre puede entrar en el templo. La puerta está cerrada y el templo se ha convertido en una casa de indignación, de ira y de juicio hasta que estas siete plagas hayan sido derramadas sobre la tierra.

6. Una mirada más de cerca al tabernáculo

- El tabernáculo del Antiguo Testamento era una construcción móvil hecha de tela y pieles, llevada de un lugar a otro por los judíos durante sus cuarenta años en el desierto y sus primeros años en la tierra prometida.
- Más adelante, los judíos construyeron su templo en Jerusalén usando el mismo plano del tabernáculo. La principal diferencia eran los materiales usados para su construcción.
- Había solo una puerta en la valla que rodeaba el tabernáculo. Justo enfrente de la puerta, dentro de la valla, estaba el altar de bronce del sacrificio. Esto mostraba a muchos que había solo un camino a Dios, y que para que Dios llevara la culpa y el castigo de la persona que hacía el sacrificio, era necesario un sacrificio inocente.

- Había solo una luz dentro del edificio, y era el candelero del propio diseño de Dios. Era con esta luz como se hacían todos los servicios de los sacerdotes. Esta única luz enseñaba que solo Dios podía proveer la iluminación para entender las verdades y la adoración divina.
- Había también un altar del incienso, en el que los sacerdotes tenían que quemar incienso continuamente. El incienso era simbólico de las oraciones de la gente.
- Una vez al año, el sumo sacerdote seleccionaba un cordero sin defecto y lo ofrecía sobre el altar para expiar los pecados de su pueblo. Después tomaba su sangre y entraba en el tabernáculo.
- Entraba en el lugar santísimo y aparecía ante el arca del pacto, una caja pequeña de madera cubierta de oro con dos figuras angélicas de oro de pie sobre su tapa, uno frente al otro y los dos mirando hacia abajo a la caja. Entre los dos ángeles de oro había una luz radiante y multicolor llamada la presencia de Dios, o la gloria *Shekiná*. Esta era la manifestación de la presencia de Dios en la tierra. Ningún otro lugar en el mundo podía alardear de esta presencia especial de Dios, solo los judíos disfrutaban de este privilegio.
- Sobre la tapa del arca, y debajo de la gloria centelleante de luz, había una cobertura de oro llamada "el propiciatorio". Se llamaba así porque era aquí donde el sumo sacerdote obtenía la misericordia cada año al rociar la sangre del sacrificio sobre ella.
- Dentro del arca había tres objetos que Dios dijo al pueblo que guardaran allí:
  a. Primero, estaban las segundas tablas de piedra sobre las que Dios reescribió los Diez Mandamientos. Moisés rompió enojado las tablas originales cuando descendía del Sinaí y encontró al pueblo metido en pecado. Estas segundas tablas se pusieron en el arca como testimonio del rechazo del hombre de la perfecta ley moral de Dios.
  b. Segundo, había un cuenco de maná. Este se colocó allí después de que el pueblo se quejó por la comida que Dios había provisto en el desierto. Estaban cansados del maná para desayunar, comer y cenar, así que Dios les dijo que pusieran una porción de maná en el arca para demostrar el rechazo del hombre a la provisión de Dios para sus necesidades diarias.
  c. Tercero, estaba la vara de Aarón que reverdeció. Esto ocurrió cuando un grupo rebelde intentó apropiarse del liderazgo de la nación que tenían Aarón y Moisés. Dios dijo a los dos grupos de líderes que estuvieran de pie ante el tabernáculo y que sostuvieran sus varas, el símbolo del liderazgo. Dios proclamó que la vara que reverdeciera, o diera fruto, sería la que él había escogido como su líder. La vara de Aarón reverdeció, así que Dios enseñó al pueblo que debía poner esta vara en el arca como testimonio del rechazo del hombre del liderazgo escogido de Dios.
- Cuando miramos estas tres cosas, vemos que todas ellas son símbolos del hecho de que el hombre fue pecador y merecía legítimamente el juicio de Dios.
- Todas las personas que iban por fe a la expiación provista por el Señor Dios eran perdonadas y aceptadas. Todo esto nos enseña que en el cuadro simbólico del tabernáculo encontramos la figura y tipo de Jesucristo, el Cordero de Dios, cuya sangre no solo cubría el pecado, sino que realmente quitaba el pecado del mundo, convirtiendo así el trono de Dios en el tabernáculo del cielo en un propiciatorio para todo el que acuda a Jesucristo por la fe.
- Ahora podemos entender el impacto que Juan debió recibir cuando vio que se había producido un gran cambio en el carácter del santuario en el cielo. Ahora se había convertido en un lugar desde el cual eran enviadas siete plagas finales. Ya no era un lugar donde los hombres eran reconciliados con Dios.

¿Cuánto recuerda?

1. ¿Qué representa la visión que tuvo Juan de un mar mezclado con fuego?
2. Describa las palabras que se encuentran en el cántico del Cordero en Apocalipsis 15:3.
3. Describa lo que vio Juan cuando contempló el tabernáculo abierto.
4. ¿Cómo era el tabernáculo judío? ¿Y qué hay de su templo que fue confeccionado en base a él?
5. ¿Dónde estaba el único lugar que contenía la gloria *Shekiná*?
6. ¿Cuáles fueron los tres objetos introducidos en el arca del pacto, y por qué?

Su tarea para la próxima semana:

1. Lea Apocalipsis capítulo 16.
2. Repase sus notas de esta lección.
3. Subraye su Biblia.

Notas de la lección 17

Lección 18
APOCALIPSIS 16

Los juicios de las siete copas

1. El comienzo
   - En el versículo 1 vemos que Dios se prepara para soltar los siete juicios climáticos finales sobre la tierra. Los envía una gran voz de Dios que retumba desde el templo celestial lleno de humo.
   - Hasta este momento, estas sucesiones de sietes se han movido con deliberación. Cuando los sellos se abrieron, hubo una, después otra, y así sucesivamente. Cuando las trompetas fueron reveladas hubo deliberación, una tras otra.
   - Pero a medida que los juicios se acercan al clímax final, se mueven de forma furiosa y rápida. Inmediatamente, estas cosas suceden.
2. La primera copa
   - El juicio derramado de la copa del primer ángel es directamente sobre una compañía específicamente señalada que había aceptado la marca de la bestia, es decir, el anticristo, y que estaban adorando su imagen.
   - El juicio, o plaga, está descrita como una úlcera intensamente dolorosa que no sanaba.
   - Sabemos que no sanaba porque vemos en el versículo 11 que los atormentados siguen blasfemando a Dios debido a su sufrimiento.
3. La segunda copa
   - La segunda copa está en el versículo 3.
   - Recordaremos que, con el sonido de la segunda trompeta, un tercio del mar se volvió sangre y una tercera parte de las criaturas marinas murieron.
   - Ahora, con el derramamiento de la segunda copa de juicio, todo el mar se contamina de tal forma que todas las criaturas restantes del mar mueren.
   - Creo que la palabra *"mar"* significa la masa de agua salina que cubre el 70 por ciento del exterior de la superficie de la tierra hasta una profundidad media de 3800 metros y, en algunos lugares, una profundidad máxima de 10 900 metros.
   - A la imaginación le cuesta intentar visualizar los miles de millones de criaturas marinas muertas flotando y pudriéndose, y el terrible e insoportable hedor.
   - Esto se convierte automáticamente en una masa solidificada de sangre.
4. La tercera copa
   - Esta copa se encuentra en los versículos 4-7.
   - Con el derramamiento del contenido de la tercera copa, la ira de Dios sigue el patrón del juicio de la tercera trompeta que cayó sobre la tercera parte de los ríos y las fuentes de aguas, es decir, el sistema de agua dulce de la tierra y lo que sostiene la vida humana, porque la sed es más terrible que el hambre.
   - Todos los arroyos de agua dulce y los poderosos ríos y fuentes se convierten en sangre.
   - Los juicios de Dios son finales y justos.
   - En el versículo 6 veremos que Dios, el juez justo, está juzgando a los que vertieron la sangre de los santos y profetas. Él da sangre para beber a los que mataron a esos santos y profetas.

5. La cuarta copa
   - Esta cuarta copa se encuentra en los versículos 8-9.
   - El juicio de la cuarta trompeta tenía que ver con los cuerpos celestiales: el sol, la luna y las estrellas. Tanto la luz del día como de la noche se oscurecieron en un tercio.
   - La cuarta copa aparentemente afecta solo al sol. La intensidad de su calor aumenta hasta que abrasa a los hombres con su fuego.
   - En vez de arrepentirse, los hombres *"blasfemaron el nombre de Dios, que tiene poder sobre estas plagas"* (16:9).
   - Conocen perfectamente bien que esto es la mano del juicio divino, y sin embargo no se arrepienten.
6. La quinta copa
   - La quinta copa a ser derramada por el quinto ángel se encuentra en los versículos 10-11. Está dirigida a la fuente de la maldad del mundo, es decir, el trono de la bestia (el anticristo), el asiento del poder y autoridad satánicos.
   - El resultado del juicio es que las tinieblas llenan su reino. Aunque el reino de Satanás es un reino de tinieblas, este juicio es, sin lugar a dudas, como la densa oscuridad que cubrió Egipto el día de las plagas de Dios, descrito como *"tanto que cualquiera las palpe"* (Éxodo 10:21).
   - La oscuridad en este juicio hace que la obra del anticristo sea difícil hasta el punto de ser imposible. Se une a la miseria y la confusión de la gente el continuo dolor de las úlceras del juicio previo.
7. La sexta copa
   - La sexta copa se encuentra en los versículos 12-16.
   - Aquí encontramos el juicio sobre el gran río Éufrates, y se seca.
   - Notaremos que las grandes secciones del libro de Apocalipsis terminan en ese día final del Señor Dios Todopoderoso, la batalla de Armagedón.
   - Las visiones del capítulo 14 terminan en la gran batalla del día del Señor. Aquí, en los capítulos 15 y 16, las visiones hacen lo mismo otra vez. Terminan en la gran batalla del día del Señor.
   - En la siguiente sección, capítulos 17-19, el capítulo 19 termina en esa gran batalla del día del Señor. El libro de Dios dice que el tiempo, la historia y el gobierno se mueven hacia el conflicto final en esta tierra.
   - Lo extraño de esta batalla en particular, como revela la Escritura, es que todos los ejércitos y líderes están reunidos en Palestina.
   - La sexta trompeta dice que uno de esos ejércitos cuenta con doscientos millones de hombres (véase Apocalipsis 19:16).
   - Notaremos en Apocalipsis 16:12 que Dios explica su propósito al secar el río: *"para que estuviese preparado el camino a los reyes del oriente"*.
   - En el resto de esta copa, aprendemos que todos los reyes del mundo están preparándose para estar en el mismo lugar. Ninguna estrategia por parte de ningún gobierno o gobernantes traería jamás algo así. Por lo tanto, ¿cómo llegan hasta allí? El libro de Apocalipsis explica la situación.
   - Apocalipsis 16:13-14 dice: *"Y vi salir de la boca del dragón, y de la boca de la bestia, y de la boca del falso profeta, tres espíritus inmundos a manera de ranas… y van a los reyes de la tierra en todo el mundo, para reunirlos a la batalla de aquel gran día del Dios Todopoderoso"*.
   - La trinidad de los espíritus malvados va a persuadir a esos ejércitos y a esos líderes a reunirse en Israel, donde se librará la batalla final. El engaño malvado los llevó a la batalla. En el versículo 16, Dios los lleva a Armagedón.

8. La séptima copa

- La séptima copa se encuentra en los versículos 17-21.
- El contenido del séptimo y último juicio no estaba dirigido a un lugar en concreto, sino a toda la atmósfera que rodea toda la tierra; por lo tanto, el resultado del derramamiento fue una catástrofe mundial.
- Voces, trueno, relámpago y un violento terremoto serán parte de este último juicio. Las ciudades y aldeas serán tragadas, con un énfasis especial en la ciudad de Babilonia, *"para darle el cáliz del vino del ardor de su ira"* (16:19), lo cual veremos en los dos capítulos siguientes.
- La voz del trono en el cielo declara: *"Hecho está"* (16:17). Con todo el dolor y terror, y los terribles juicios de Dios, los hombres aún blasfeman de Dios por la plaga del granizo. El último juicio final concluye con hombres ciegos y de corazón duro blasfemando el nombre de nuestro Salvador y Señor.

¿Cuánto recuerda?

1. Estos juicios de las copas se llevan a cabo de forma distinta a los sellos y las trompetas. ¿Cuál es su progresión?
2. ¿Hacia quién está dirigida la primera copa de juicio y en qué consiste esta plaga?
3. ¿Qué le ocurre al mar con la segunda copa?
4. ¿Quién está siendo juzgado en la tercera copa y qué plaga soporta?
5. ¿Qué le ocurrirá al sol en la cuarta copa?
6. Describa el derramamiento de la quinta copa.
7. ¿Cómo se reúnen todos los reyes del mundo en el mismo lugar para la sexta copa?
8. ¿Qué desastres ocurrirán en toda la tierra en la última copa de juicio?

Su tarea para la próxima semana:

1. Lea Apocalipsis capítulo 17.
2. Repase sus notas de esta lección.
3. Subraye su Biblia.

Notas de la lección 18

Lección 19
APOCALIPSIS 17

Babilonia eclesiástica

1. Una introducción de Babilonia
   - Babilonia es uno de los temas más discutidos en toda la Palabra de Dios. Se hace referencia a Babilonia más de 260 veces en las Escrituras.
   - Según estudiamos Babilonia, los capítulos 17 y 18 van juntos, y a la vez hay una gran diferencia entre el contenido de estos capítulos.
   - En esta descripción de la destrucción de Babilonia, ni los reyes ni los gobiernos de la tierra se mencionan. Esta es la intervención de Dios.
   - La destrucción de Babilonia se menciona en Apocalipsis 14:8 y 16:19, pero se describe aquí en detalle en los capítulos 17 y 18.
   - El énfasis del capítulo 17 está en la Babilonia religiosa. Babilonia es tanto una ciudad como un sistema. El capítulo 17 habla sobre el sistema y el capítulo 18 sobre la ciudad.
   - Babilonia tuvo sus comienzos con la construcción de la torre de Babel en Génesis 11:1-9. Más adelante floreció bajo Nabucodonosor.
   - Hay tres teorías para lo que representa Babilonia, y he llegado a la conclusión de que las tres siguientes interpretaciones podrían ser ciertas, en cuanto al nombre se refiere. Pero ¿podría ser verdad en cuanto a las Escrituras se refiere?
     a. Algunos eruditos creen que esta Babilonia será físicamente reconstruida a orillas del río Éufrates en la cabeza del Golfo Pérsico.
     b. Segundo, están los que creen que esta Babilonia representa un sistema de vida y cultura, cuya esencia principal es la separación de Dios. Creen que podría representar una gran ciudad en cualquier lugar del mundo.
     c. En tercer lugar, están los que creen que Babilonia representa la vida social, cultural y comercial de los últimos tiempos, y que todo este sistema se resume en una gran ciudad mundial llamada Babilonia.
   - El nombre *Babilonia* se usó para más que una ciudad en estos capítulos; también representa un sistema. Es muy parecido a los estadounidenses hablando de Wall Street y Madison Avenue. Aunque en realidad son calles, también se usan para referirse a las empresas financieras y de publicidad de la nación.
2. Muchas aguas
   - El versículo 1 comienza con uno de los siete ángeles que tuvieron parte en las siete copas.
   - Este ángel le habla a Juan, diciendo: *"Ven acá, y te mostraré la sentencia contra la gran ramera, la que está sentada sobre muchas aguas"*. Las *"muchas aguas"* es algo indicativo de muchas naciones, toda la población del mundo. El versículo 15 también reitera esta definición de "muchas aguas". Busque este versículo:

____

____

____

____

3. Babilonia histórica
   - En el versículo 2 Babilonia, esta *"gran ramera"* (17:1), simboliza el falso sistema religioso que es tan seductor, con el que ha sido capaz de seducir a todos los reyes de la tierra con su engaño.
   - ¿Cómo es capaz este sistema religioso, llamado *Babilonia*, de atraer a los líderes, tanto religiosos como políticos, ¿para seguirla? ¿Qué tenía esta Babilonia de antaño que emulará esta gran religión falsa? La respuesta se revela en el primer significado de la palabra *Babilonia*.
   - La primera Babilonia comenzó en las planicies de Sinar, donde el primer dictador del mundo estableció el primer centro religioso del mundo. El nombre del dictador era *Nimrod*, que significa "nos rebelaremos". Está descrito como *"vigoroso cazador delante de Jehová"* (Génesis 10:9).
   - El comienzo de este reino fue Babilonia (véase Génesis 11: 1-9).
   - Bajo Nimrod se llevó a cabo el primer acto religioso unido: la construcción de *"una torre, cuya cúspide llegue al cielo"* (Génesis 11:4).
   - La torre de Babel, construida por Nimrod, era un observatorio astrológico. Siglos después, Dios pronunció un juicio sobre Babilonia cuando dijo, esencialmente: "Ella ha trabajado con brujos, y astrología desde su juventud", indicando que esas cosas se practicaban en Babilonia desde el comienzo de la historia (véase Isaías 47:12-13).
   - Ahora, en el libro de Apocalipsis se nos dice lo que vio Juan, así que podemos entender mejor de qué se trata esta Babilonia religiosa.
4. La mujer sobre la bestia
   - En el versículo 3 Juan ve a una mujer sentada sobre una bestia. La bestia es claramente una alusión al hombre de pecado, el anticristo de Apocalipsis 13:1-10. Sabemos esto porque podemos comparar la bestia del versículo 3 con la bestia descrita en el versículo 1 del capítulo 13.
   - El elemento impactante de esta escena es que la ramera está sentada sobre la bestia, indicando que tendrá poder sobre el hombre de pecado.
   - Este evento debe ocurrir antes de que el hombre de pecado derroque a todas las religiones existentes y exija que todos le adoren.
   - Notaremos, al comienzo del versículo 3, que Juan dice: *"me llevó en el Espíritu al desierto"*. Siempre que hay un adulterio espiritual, hay desolación y un desierto de terrible desperdicio.
   - En el versículo 4 vemos que esta ramera está adornada de esplendor, lo cual habla de gloria y riqueza, y tiene en su mano una copa de abominación, inmundicia y fornicación.
5. Un misterio
   - En el versículo 5 recibe el nombre de *"Misterio"*. Este no es un adjetivo, sino parte de su nombre: *"Misterio, Babilonia"*.
   - Debido a la palabra *"Misterio"*, esta Babilonia no se refiere a una ciudad en el Éufrates. El uso de esta palabra se explicará más en los versículos 9 y 18. Como la verdadera iglesia también se llama un *"misterio"* (Efesios 5:32), esta iglesia apóstata es una falsificación de esa.
   - La ramera es también la madre de las rameras. En otras palabras, muchos grupos se agruparán bajo una iglesia adúltera y federalizada.
   - La identificación de *"siete montes"* en el versículo 9 crea una interrelación de Babilonia y Roma, la "ciudad sobre las siete colinas". Se podría inmediatamente llegar a la conclusión de que la iglesia romana es la ramera.
   - Pero este no es necesariamente todo el cuadro, porque la iglesia apóstata no es meramente la iglesia católica. Incluirá también otros grupos. El cordón que los vinculará será su método adúltero de dirigir todos los reinos del mundo.

6. La sangre de los santos y los mártires
   - En el versículo 6 se escriben estas palabras terribles: "*Vi a la mujer ebria de la sangre de los santos, y de la sangre de los mártires de Jesús*".
   - En esta visión, Juan ve la sangre de los santos y los mártires, la cual es derramada por esa iglesia rica, escarlata e idólatra, y Juan quedó "*asombrado con gran asombro*".
7. Una explicación
   - En el versículo 7 el ángel le dice a Juan: "¿Por qué te asombras?". Y después dice: "*Yo te diré el misterio de la mujer, y de la bestia*".
   - El ángel le promete a Juan una explicación de la visión que ha visto. Esta explicación comienza en el siguiente versículo.
   - El versículo 8 identifica a la bestia. Es el mismo al que se hace referencia en Apocalipsis 11:7 como uno que procede del abismo. Aquí, se dice que "*está para subir del abismo*", indicando que estos capítulos no son cronológicos, sino que están escritos solo como Juan los ve. Esto indica que los versículos 1-7 preceden a la ascensión al poder de la bestia en medio del periodo de la tribulación.
   - En los versículos 9-11, las siete cabezas de la bestia se identifican como los siete montes sobre los que se sienta la ramera. No cabe duda de que nos podemos entretener en cuanto al significado de estas palabras. Las siete colinas de Roma eran una identificación común para Roma que usaban los escritores en la historia. En otras palabras, el centro del poder de la bestia es Roma.
   - En el versículo 10 Juan continúa con su interpretación de los versículos 1-7, cuando dice: "*son siete reyes. Cinco de ellos han caído; uno es, y el otro aún no ha venido; y cuando venga, es necesario que dure breve tiempo*". Así, las siete cabezas representan siete reinos: cinco existentes antes del tiempo de Juan, uno existente en su día, y otro futuro. Esto hace referencia a esos grandes imperios mundiales desde el tiempo de la Babilonia original.
   - De nuevo, al interpretar esto vemos lo siguiente:
     a. El primer reino fue Asiria, con su ciudad capital del ocultismo de Nínive.
     b. El segundo fue Egipto, con sus pirámides construidas según especificaciones astrológicas.
     c. El tercero fue el imperio babilónico, con su perfección de las artes negras.
     d. El cuarto fue el medo-persa, que finalmente fue esclavizado por la religión babilónica.
     e. El quinto fue el Imperio Griego, con sus religiones idólatras y su antiguo templo.
   - "*uno es*" se refiere a Roma. Roma estaba llena de las mismas creencias ocultistas que Babilonia. Este fue el sexto reino en la visión de Juan.
   - Juan mira al futuro cuando habla de la séptima cabeza o el séptimo reino que "*el otro aún no ha venido; y cuando venga, es necesario que dure breve tiempo*" (versículo 10).
   - Este séptimo reino se refiere al avivamiento futuro del Imperio Romano. La séptima cabeza es distinta de las otras seis porque tiene diez cuernos. Esto indica que el séptimo reino estará compuesto por diez naciones de este antiguo Imperio Romano, el cual se confederará en una unidad política. Este Imperio Romano, avivado de diez naciones, será dominado por el mismo sistema religioso babilónico que ha estado en existencia desde los días de Nimrod.
   - En el versículo 11 encontramos otro reino, el cual se describe como "*el octavo; y es de entre los siete*", lo cual significa que, brevemente, brotará otro reino que será un vástago del séptimo.
   - Esto habla del breve reino del anticristo mismo. Emergerá en su máximo esplendor durante la segunda mitad de la tribulación. Esa es la razón por la que se describe como recibiendo poder de los reyes durante una hora. Cuando el anticristo se convierta en la morada de Satanás en la mitad de la

tribulación, su reino adoptará un tono distinto a partir de ese punto. Todo el mundo adorará a esta bestia en particular, el octavo reino, en vez de a la ramera: la iglesia apóstata.

- En la mitad de la tribulación, este vástago del séptimo reino, el anticristo obrando con el falso profeta, descubre que ya no necesita el apoyo del sistema religioso. Poseído por Satanás, se autoproclama Dios, sentado en el templo de Jerusalén. Se volverá a la gran ramera, la Babilonia eclesiástica, y la destruirá.

8. Una explicación de los diez reyes
   - En los versículos 12-14 encontramos una explicación clara de los diez reyes.
   - Busque Apocalipsis 17:12:

     ____

     ____

     ____

     ____

   - *"una hora"* se debería entender como un propósito o una actividad breve. Estos reyes aparecen para actuar como entidades independientes, pero según el versículo 13 tienen una misma mente y dan todo su poder y autoridad al anticristo.
   - Su único propósito de dar la fuerza a la bestia se define en el versículo 14: *"Pelearán contra el Cordero"*.
   - El Cordero los vencerá porque, según el versículo 14: *"él es Señor de señores y Rey de reyes; y los que están con él son llamados y elegidos y fieles"*.
   - En otras palabras, Juan ve al Cordero como venciendo al anticristo en esta visión.
9. Una explicación de las aguas
   - Las aguas sobre las que se sienta la ramera se explican ahora en el versículo 15, como vimos en el versículo 1.
   - Se definen como los habitantes del mundo.
   - La iglesia apóstata será ecuménica, compuesta por todas las denominaciones y credos.
10. La destrucción de la Babel eclesiástica
    - En los versículos 16-18 vemos la destrucción de Babel.
    - La Babilonia religiosa que buscó alianzas y poderes políticos, al final será destruida por una gran alianza política.
    - Estas diez naciones *"aborrecerán a la ramera, y la dejarán desolada"*. Las palabras *"desolada"*, *"desnuda"* y *"quemarán"* revelan su grado de aniquilación.
    - En el versículo 17 es Dios quien les hará alinearse con la bestia *"hasta que se cumplan las palabras de Dios"*.
    - La religión florecerá durante la primera parte de la tribulación en el sistema falso llamado Babilonia, la ramera.
    - El sistema se centrará en Roma, e incluirá otros grupos de rameras. Ejercerá una gran influencia política.
    - Hemos visto que el hombre de pecado, con sus ligas de diez naciones, destruirá a la ramera, la Babilonia eclesiástica, y se dispondrá a ser adorado.

¿Cuânto recuerda?

1. ¿Qué enfatiza el capítulo 17 sobre Babilonia que no lo hace el capítulo 18?
2. ¿Cuáles son las tres ideas sobre lo que representa Babilonia?
3. En el versículo 2, ¿qué simboliza Babilonia?
4. ¿Qué representan las siete cabezas de la bestia, y dónde está el centro del poder de la bestia?
5. El séptimo reino representa el futuro avivamiento ¿de qué imperio?
6. ¿Cómo será destruida la Babilonia religiosa?

Su tarea para la prôxima semana:

1. Lea Apocalipsis capítulo 18.
2. Repase sus notas de esta lección.
3. Subraye su Biblia.

Notas de la lecciôn 19

Lección 20
APOCALIPSIS 18

El juicio de Dios sobre Babilonia. La Babilonia comercial y política

En el capítulo 17, la Babilonia eclesiástica fue destruida por la alianza política de las diez naciones que odiarán a la gran ramera y la destruirán. Los reyes unen sus fuerzas voluntariamente para destruir a la ramera, pero al hacerlo, cumplen el propósito de Dios (véase Apocalipsis 17:17).

Babilonia se refiere a una ciudad, esto es cierto, y también a un sistema. El aspecto religioso de ese sistema se describió en el capítulo 17. Este capítulo tiene que ver con la otra Babilonia, que será el centro de la vida social, política, cultural y comercial de todo el planeta.

En esta lección explicaremos los versículos y luego regresaremos y consideraremos los cuatro grandes juicios de Dios sobre Babilonia. Recordemos que el juicio de esta Babilonia es por mano de Dios, no por mano del hombre.

1. *"Ha caído, ha caído la gran Babilonia"* (18:2).
   - En el versículo 1 vemos a otro ángel que desciende del cielo con gran poder. Se hace este anuncio *"Después de esto"*, es decir, las cosas del capítulo 17.
   - En el versículo 2 el ángel clama con voz fuerte, diciendo: *"Ha caído, ha caído la gran Babilonia"*. El ángel anuncia que Babilonia es demoniaca. Esto se enfatiza de tres formas:
     a. Primero, es *"habitación de demonios"*.
     b. Segundo, es *"guarida* [prisión] *de todo espíritu inmundo"*.
     c. *Tercero, es "albergue* [prisión] *de toda ave inmunda y aborrecible"*. Esta frase alude al ave en la parábola de la semilla de mostaza, indicando que las fuerzas demoniacas obran en el sistema apóstata.
2. *"Porque todas las naciones han bebido del vino del furor de su fornicación; y los reyes de la tierra han fornicado con ella, y los mercaderes de la tierra se han enriquecido de la potencia de sus deleites"* (18:3).
   - En el versículo 3 encontramos la acusación de fornicación o infidelidad al Señor, que se repite desde el capítulo 17.
   - Babilonia es embriagante. Todas las naciones beben del vino de su infidelidad. Los mercaderes particularmente son presa suya.
   - Incluso los reyes cometen fornicación con ella (adulterio espiritual).
   - Grandes empresas se hacen incluso más ricas por *"la potencia de sus deleites"*.
3. *"Salid de ella, pueblo mío, para que no seáis partícipes de sus pecados, ni recibáis parte de sus plagas"* (18:4).
   - En el versículo 4 hay un llamado de una voz en el cielo pidiendo salir de Babilonia y no participar de su pecado, para escapar del juicio.
   - Este es un llamado para los que viven en los días de la tribulación y que no han recibido la marca de la bestia.
   - Su aplicación es siempre relevante para que los creyentes de cada era no transijan con el sistema del mundo de Satanás de ninguna forma.

4 Versículos 5-8

   - En los versículos 5-8 encontramos un llamado a la separación en base a tres cosas:

a. Primero, los pecados de Babilonia *"han llegado hasta el cielo, y Dios se ha acordado"*.

b. Segundo, en el versículo 6 Dios le dará lo que ella misma, Babilonia, ha repartido. El juicio será doble por sus obras. Incluso la copa de pecado y adulterio espiritual que ella ha llenado será duplicada.

c. Tercero, en los versículos 7-8, en el lugar de gloria y lujo con el que se ha vestido, Dios le devolverá tormento y llanto. La palabra *"en deleites"* significa "lujos". En lugar de la posición asumida de Babilonia, como reina con muchos amantes, Dios le da plagas, muerte, llanto y hambre.

- En el versículo 8 notaremos que *"en un solo día"*. Además de muerte, llanto y hambre, *"será quemada con fuego"*.
- Fuerte es el Señor Dios, quien juzga el pecado y juzga a Babilonia.

5. Versículos 9-10
    - En los versículos 9-10 encontramos el primer lamento de los reyes de la tierra.
    - Lloran y se lamentan cuando ven el humo del incendio.
    - Notemos que estos llamados reyes de la tierra, que han cometido fornicación con la Babilonia eclesial, ahora están *"parándose lejos"*. Están intentando evitar el destino, pero, en realidad, solo lo posponen.
    - La rapidez del juicio se enfatiza con la frase *"en una hora"*. El juicio será rápido, como un arma nuclear.
6. Versículos 11-17
    - Aquí tenemos otra visión de la destrucción de Babilonia.
    - En el versículo 11, los mercaderes de la tierra lloran y se lamentan por la caída de esta Babilonia comercial. Ahora nadie comprará, y los mercaderes perderán todo lo que tienen.
    - En los versículos 12-13 encontramos una lista de veintiocho artículos que ya no se comprarán. Esos veintiocho artículos comienzan con oro y plata y terminan con las *"almas de hombres"*
    - Un elemento que deberíamos notar sobre estos artículos es que son artículos de lujo. También, el último artículo significa que los mercaderes traficarán con personas y también con cosas.
    - En el versículo 14, todo lo que habían creído que era importante, y todo el lujo que su alma codiciaba, se ha apartado de ellos. *"todas las cosas exquisitas y espléndidas te han faltado"*, y nunca las volverán a tener.
    - En el versículo 15, todos los mercaderes que se hicieron ricos con esta gran ciudad, la Babilonia comercial, harán las mismas cosas que hicieron los reyes en un versículo anterior. Ellos *"se pararán lejos por el temor de su tormento, llorando y lamentando"*.
    - En los versículos 16-17, estos mismos mercaderes claman: *"¡Ay, ay, de la gran ciudad, que estaba vestida de lino fino, de púrpura y de escarlata, y estaba adornada de oro, de piedras preciosas y de perlas! Porque en una hora han sido consumidas tantas riquezas"*.
    - Todos los mercados caen a escala mundial, y como es normal, los incrédulos acuden a sus propios intereses y piensan cómo pueden recuperar algo de lo que han perdido.
7. Versículos 17-19
    - En la última parte del versículo 17 vemos que todos los que se conectaban con el comercio en los mares también se lamentan por la destrucción de Babilonia.
    - Esto incluye a los dueños de barcos, marineros, y también a los que trabajan en los barcos. Su lloro es por la misma razón: su carrera profesional se destruye en un instante.
    - En el versículo 18 notemos que miran a la ciudad que está ardiendo. Ven el humo y claman: *"¿Qué ciudad era semejante a esta gran ciudad?"*.

- Después, en el versículo 19, echan polvo sobre su cabeza, lloran más, y vuelven a clamar: *"¡Ay, ay de la gran ciudad, en la cual todos los que tenían naves en el mar se habían enriquecido de sus riquezas; pues en una hora ha sido desolada!".*
- Observemos esa terminología una y otra vez en este capítulo: *"en una hora"*. Esto demuestra lo rápido e inmediato que es el juicio del Dios Todopoderoso sobre la ciudad de Babilonia.

8. Versículos 20-24
   - La reacción del mundo ante la destrucción de Babilonia, con todos sus intereses comerciales, se establece claramente.
   - El mundo llora, porque las cosas materiales es lo único que tienen. Todas estas cosas son destruidas; todo se pierde.
   - También se narra la reacción del cielo ante la destrucción de Babilonia.
   - Mientras que los reyes, mercaderes y toda la gente de la ciudad de Babilonia hacen llanto y se lamentan por la pérdida de Babilonia, el cielo y los amigos del cielo se regocijan.
   - En el versículo 20 deberíamos leer: "Vosotros santos y apóstoles y profetas". También, en el versículo 20 dice: *"Dios os ha hecho justicia en ella"*. Es decir, Dios ha juzgado su caso contra Babilonia. Babilonia ha matado a los santos; ahora Dios mata a Babilonia.
   - Esta es la respuesta final a la petición de los mártires que vimos en Apocalipsis 6:9-11. Después, como para reafirmar a los ciudadanos del cielo que la destrucción es definitiva, un ángel toma una gran piedra y la arroja al mar, lo cual es un símbolo de la destrucción cierta y completa de Babilonia en el versículo 21.
   - Este acto produce un canto fúnebre con respecto al juicio sobre Babilonia. Lo veremos en los versículos 22-23. No habrá música, ni trabajador, ni maquinaria, ni luz ni felicidad que se encuentre en Babilonia nunca más. La razón es doble: Babilonia engañó a las naciones y mató a los santos.
9. Cuatro razones para la destrucción de Babilonia
   - ¿Cuál es la razón de que este juicio de Dios tan terrible caiga sobre esta ciudad? Hay cuatro razones:
     a. La primera razón se describe en el versículo 5: *"porque sus pecados han llegado hasta el cielo, y Dios se ha acordado de sus maldades".*
        - En la primera Babel, su infame torre se construyó bloque a bloque y ladrillo a ladrillo, hacia arriba, cada vez más, hasta que Nimrod se propuso llegar hasta el cielo con ella.
        - Ese mal, dice Dios, ha venido a mi mente. Las palabras *"han llegado hasta el cielo"* las recuerda el Señor Dios.
        - Como el pecado de la malvada Babilonia, construir hacia arriba le ha hecho poderosa por su materialismo, secularismo, impiedad y negación de Cristo.
        - Los pecados de Babilonia llegaron al cielo como la torre de Babel, y Dios se ha acordado de sus maldades. Esa es la primera razón.

     b. La segunda razón para el juicio de Dios se describe en el versículo 7: *"Cuanto ella se ha glorificado y ha vivido en deleites, tanto dadle de tormento y llanto; porque dice en su corazón: Yo estoy sentada como reina, y no soy viuda, y no veré llanto".*
        - En esa arrogancia y exaltación propia, alardea de su ateísmo y su infidelidad al Señor Dios.
        - Para ella, no existe Dios; no existe Cristo y no existe el Espíritu Santo.
        - Se propone para ella misma dominar en la historia, y en el futuro, su reino durará para siempre.
        - La falsa exaltación propia, en un alarde que desafía a Dios, es otra razón para el juicio de Babilonia.

c. Una tercera razón para la destrucción de esta gran ciudad está descrita en los versículos 12-13. En ellos están enumerados veintiocho artículos de mercancía.
   - La numeración comienza con oro y termina con *"almas de hombres"*. Almas, usadas como mercancía que uno puede empaquetar y enviar.
   - Para Babilonia, las vidas y las almas de los hombres son meramente asuntos de comercio.
   - Según aumentamos en nuestra cultura, y según avanzamos más y más en logros y civilizaciones, Dios dice que nuestra cultura se hará cada vez menos misericordiosa, más despiadada, y deshonrará más a Dios.
   - Con el interés, incluso ahora en las cosas mencionadas en los versículos 11-12, como oro y piedras preciosas, lino fino y seda, todo tipo de madera fina, marfil, bronce y mármol, perfumes y ungüentos, vino, aceite y harina, ovejas, caballos, carros e incluso los cuerpos de personas, ¿se imagina lo que será después comparándolo con el presente?

d. La cuarta razón para el juicio de Dios sobre Babilonia aparece en el versículo 24, el cual hemos cubierto brevemente. Babilonia habrá matado a los profetas, santos, y a todos los hombres que murieron en la tierra.
   - El sistema y el poder demoniaco de Babilonia acabarán con la sangre de todos los que no recibieron la marca de la bestia.
   - Un ejemplo viene de Mateo 23, donde nuestro Señor está condenando a los escribas y fariseos. Dice que sobre la ciudad de Jerusalén caerá toda la sangre derramada desde la sangre de Abel hasta la sangre de Zacarías, *"a quien matasteis entre el templo y el altar"* (Mateo 23:35).
   - Sobre esa generación, y sobre esa ciudad, vendrá toda la sangre de los profetas y de todos los santos que se derramó desde los días de Abel hasta los días de Zacarías.

10. Un repaso de los capítulos 17 y 18
   - Para finalizar lo que hemos estudiado repasando los capítulos 17 y 18, encontramos –y yo lo creo– que la ciudad capital del Imperio Romano será el gigante económico y comercial según se describe en este capítulo 18.
   - La ramera del capítulo 17 no es una ciudad; es un sistema religioso ocultista y una influencia que existe en una relación espiritualmente adúltera entre la ciudad y el reino del anticristo durante la primera mitad de la tribulación.
   - Al final de la tribulación, la capital del avivado Imperio Romano, el tema del capítulo 18, será destruida por Dios mismo. Cómo se libra del anticristo y del falso profeta será parte de nuestro estudio en el capítulo siguiente.

¿Cuânto recuerda?

1. La frase *"en una hora"* se repite en este capítulo. ¿Qué significado tiene?
2. La lista de veintiocho artículos que ya no se comprarán comienza con oro y termina ¿con qué?
3. Vuelva a leer los versículos 20-24. ¿Por qué llorará el mundo?
4. ¿Cuáles son las cuatro razones para la destrucción de Babilonia?

Su tarea para la prôxima semana:

1. Lea Apocalipsis capítulo 19.
2. Repase sus notas de esta lección.
3. Subraye su Biblia.

Notas de la lección 20

Lección 21
APOCALIPSIS 19

Las bodas del Cordero, la segunda venida y la batalla de Armagedón

1. Gozo en el cielo (versículos 1-6)
   - Hay cuatro *Aleluyas* en esta breve porción de la Escritura, lo cual indica que habrá gozo en el cielo después de los sucesos de los capítulos 17 y 18.
   a. El primer aleluya es por la destrucción de la gran ramera, Misterio Babilonia, la mujer escarlata con la copa de oro en su mano. Cuando es destruida, todo el cielo dice: *"Aleluya"* (vea versículos 1-2).
   b. El segundo aleluya es por la destrucción de la ciudad de Babilonia. La iniquidad de Babilonia pesa sobre el corazón del universo de Dios, y cuando es aniquilada todo el cielo siente el triunfo de la gloria y paz de Dios. *"Otra vez dijeron: ¡Aleluya! Y el humo de ella sube por los siglos de los siglos"* (19:3).
   c. El siguiente aleluya se encuentra en el versículo 4. Lo pronuncia la exaltada y glorificada creación de nuestro Señor en el cielo: *"Y los veinticuatro ancianos y los cuatro seres vivientes se postraron en tierra y adoraron a Dios, que estaba sentado en el trono, y decían: ¡Amén! ¡Aleluya!"*.
      - Notemos la palabra: *"Amén"*. Es la palabra especial de ratificación sagrada, de santo asentimiento. Continúa como la palabra de sello de los Evangelios y las epístolas. Es la palabra celestial de declaración, de compromiso con la verdad. Sella, afirma y ata. Es la palabra de alabanza más elevada que puede pronunciar el lenguaje humano.
      - La expresión humana no podría ser más elevada que un "amén". Es así con los veinticuatro ancianos y los cuatro querubines, que son los que están más conectados con el trono de Dios.
   d. El cuarto aleluya se encuentra en los versículos 5-6. Se pronuncia como respuesta a un llamado desde el trono mismo, y ese llamado se encuentra en el versículo 5, donde leemos: *"Y salió del trono una voz que decía: Alabad a nuestro Dios todos sus siervos, y los que le teméis, así pequeños como grandes"*.
      - La poderosa voz de respuesta de la gran e innumerable multitud que rodea el trono sonaba como el rugido y estruendo de muchas aguas. La multitud clamaba con estruendosa exaltación: *"¡Aleluya, porque el Señor nuestro Dios Todopoderoso reina!"*.
2. Las bodas del Cordero (versículos 7-10)
   - Tras los cuatro aleluyas de gran gozo en el cielo, llega una de las partes más dulces de las Escrituras, la cual comienza en el versículo 7.
   - Notemos que hay alegría y gozo porque vienen las bodas del Cordero y su esposa, la iglesia, se ha preparado. La iglesia será ataviada de lino fino, limpio y blanco, porque su lino fino es la justicia de los santos.
   a. El novio
      - En las bodas del Cordero, al principio se nos presenta el Novio. El Novio es Cristo, aludido como *"el Cordero"*, una descripción de su relación redentora comprada por sangre con nosotros, que hemos sido salvos por su gracia.
   b. La novia
      - La novia es la iglesia de nuestro Señor Jesucristo.

- La novia no es la Israel del Antiguo Testamento. La Israel del Antiguo Testamento se describe en Isaías y Oseas como la esposa adúltera de Jehová, pero será la esposa perdonada y restaurada, y una esposa perdonada y restaurada nunca podría ser llamada virgen o novia.
- La esposa casada con nuestro Señor es la iglesia, la casa de la fe cristiana. De todas las lenguas, tribus, pueblos y familias de la tierra, entre los judíos, de los gentiles, entre los bárbaros y las provincias de la tierra, Dios está llamado ahora a un pueblo para su nombre, para que Él pueda presentarlos al Señor en el día de las bodas del Cordero. La novia es su iglesia.
- Dios está preparando ahora a su iglesia para esa presentación celestial que se encuentra en el versículo 8: *"Y a ella se le ha concedido que se vista de lino fino, limpio y resplandeciente; porque el lino fino es las acciones justas de los santos"*.
- El texto dice también en el versículo 7: *"su esposa se ha preparado"*. Tiene sus vestiduras, hermosas y blancas, preparadas para su boda con el Señor. Ella se ha preparado cuando aceptó a Cristo como Salvador personal y se convirtió en parte del cuerpo del Señor Jesús.
- Después, tras aceptar a Cristo, se ha preparado operando como una parte de ese cuerpo, extendiendo el evangelio, enseñando la Palabra y ganando a los perdidos. Esto se conoce como el juicio del tribunal de Cristo, o las recompensas del cristiano.

c. La boda

- En cuanto a la boda en sí, ¿no es extraño que Dios no lo incluya? No se dice nada de esto; no se usa ninguna palabra para describirlo.
- El versículo 7 dice: *"porque han llegado las bodas del Cordero"*, y eso es todo. Solo menciona el hecho en sí.
- Juan oye el coro de aleluyas anunciándolo. Tiene una palabra que decir sobre la esposa, la novia de Cristo, que se ha preparado, pero nunca en cuanto a la boda misma. El evento simplemente sucede y todo el cielo irrumpe en aleluyas por ello.

3. Especulaciones sobre las bodas

- En Apocalipsis 21:9-10 leemos:

> *Vino entonces a mí uno de los siete ángeles que tenían las siete copas llenas de las siete plagas postreras, y habló conmigo, diciendo: Ven acá, yo te mostraré la desposada, la esposa del Cordero. Y me llevó en el Espíritu a un monte grande y alto, y me mostró la gran ciudad santa de Jerusalén, que descendía del cielo, de Dios.*

Apocalipsis 21:2 añade que la Jerusalén santa estaba *"dispuesta como una novia ataviada para su marido"*.

- Eso es todo lo que leemos al respecto, pero hay otras facetas y aspectos del matrimonio que debemos considerar:

a. Los invitados

- Debemos considerar los invitados y la cena nupcial en el versículo 9: "*Y el ángel me dijo* [esto es después de la boda] *escribe: Bienaventurados los que son llamados a la cena de las bodas del Cordero*".
- La boda y el matrimonio es una cosa, pero la cena, la fiesta y los refrescos son algo totalmente distinto. La novia se casa, los invitados cenan y los ángeles son los espectadores; hay tres grupos distintos.

- Notaremos al comienzo del versículo 9: *"Y el* ángel [que le está revelando todo esto a Juan] *me dijo"*. Ese ángel dijo: *"Escribe: Bienaventurados los que son llamados a la cena de las bodas del Cordero. Y me dijo: Estas son palabras verdaderas de Dios"*.
- Si todos los salvos de todos los tiempos fueran la novia, entonces el ángel le habría dicho a Juan que escribiera algo parecido a esto: "Bienaventurados los que son la esposa, los que son la novia, del Cordero". Pero no dijo nada de eso. Tras anunciar las bodas del Cordero, y después de acabarse, entonces dice: *"Bienaventurados los que son llamados a la cena de las bodas del Cordero"*. La cena es algo totalmente distinto a las bodas.
- La bendición en esta bienaventuranza de Apocalipsis 19:9 cubre un grupo mayor y más amplio del que está representado por la novia.
- Por ejemplo, Juan el Bautista. Juan el Bautista murió antes de la cruz. Nunca fue parte de la iglesia visible de Jesucristo. Perteneció a la antigua dispensación. Por eso el gran Juan el Bautista dice en Juan 3:29: *"El que tiene la esposa, es el esposo; mas el amigo del esposo, que está a su lado y le oye, se goza grandemente de la voz del esposo; así pues, este mi gozo está cumplido"*.
- Juan el Bautista no es parte de la novia. No es parte de la iglesia. Juan es un invitado. Juan es un amigo que está de pie y se goza en el favor de Dios por la pareja que se casa.
- Por eso, creo yo, en Mateo 11:11, hablando de Juan el Bautista, nuestro Señor dice: *"De cierto os digo: Entre los que nacen de mujer no se ha levantado otro mayor que Juan el Bautista; pero el más pequeño en el reino de los cielos* [en la dispensación y era de la iglesia de nuestro Señor], *mayor es que él"*. ¿A qué se debe esto? Porque el menor de nosotros que ha sido salvo, el más humilde, pertenece a la esposa de nuestro Señor. Pertenecemos a su iglesia. Estos otros son invitados para dar testimonio y celebrar la cena de las bodas del Cordero, pero ellos no pertenecen a esta era de la gracia.
- Pero para que nadie piense que son menos honrados y menos bienaventurados estos invitados de la antigua dispensación, Juan recibió la orden de escribir una bendición especial para ellos: *"Bienaventurados los* [invitados] *que son llamados a la cena de las bodas del Cordero"*. Esta es una bendición especial para los salvos del antiguo pacto.
- Con una santa imaginación, podemos ver a los invitados acudir a la cena de las bodas del Cordero. Supongo que Juan el Bautista será honrado entre todos. Viene con Abraham e Isaías y todos los profetas del Antiguo Testamento, así como todos los hijos de Dios que vivieron bajo el antiguo pacto. Se sientan y parten el pan con la novia en ese día glorioso de nuestro bendito Señor.

b. El banquete

- El banquete se llama la cena de las bodas del Cordero.
- En Lucas 22:15-16, cuando el Señor se sentó con sus discípulos en la Pascua, Jesús dijo: *"¡Cuánto he deseado comer con vosotros esta pascua antes que padezca! Porque os digo que no la comeré más, hasta que se cumpla en el reino de Dios"*.
- Jesús también dijo esto en la fiesta cuando instituyó la cena del Señor: *"Y os digo que desde ahora no beberé más de este fruto de la vid, hasta aquel día en que lo beba nuevo con vosotros en el reino de mi Padre"* (Mateo 26:29).
- Estos pasajes miran hacia delante a las bodas del Cordero: *"en que lo beba nuevo con vosotros"* un nuevo tipo de bebida.
- Recordemos Juan 2:9, cuando Jesús convirtió el agua en vino: *"Cuando el maestresala probó el agua hecha vino, sin saber él de dónde era"*. ¿En qué era distinto? De esa clase beberemos en la cena de las bodas del Cordero. Un vino delicioso y celestial preparado por la mano de Dios.

- Así será cuando nos juntemos alrededor de la mesa del Señor para partir el pan y beber del fruto de la vid. Esta historia es una profecía y una probadita de ese precioso banquete celestial cuando nos sentemos con nuestro Señor en la cena de las bodas del Cordero.

4. La venida del Señor y la batalla de Armagedón
   - Estas dos historias van juntas porque el Señor viene en medio de ese terrible e indescriptible conflicto llamado la batalla de Armagedón.

   a. La venida del Señor
      - Él es el Hijo de Dios que abre los cielos, y aparece así descrito: *"Sus ojos eran como llama de fuego, y había en su cabeza muchas diademas"* (versículo 12).
      - Después leemos: *"...y tenía un nombre escrito que ninguno conocía sino él mismo"* (versículo 12). Esto se refiere a su deidad esencial, el desconocido e impronunciable nombre de Dios, pero sabemos que Él es el Señor Dios quien viene, porque Jesucristo es Dios de este universo. No vamos a ver tres Dioses en el cielo. Hay un gran Señor Dios. Lo conocemos como nuestro Padre, como nuestro Salvador y como el Espíritu Santo en nuestros corazones.
      - En el versículo 13: *"Estaba vestido de una ropa teñida en sangre* [la sangre de sus enemigos]*; y su nombre es: EL VERBO DE DIOS"*. Este es su nombre impronunciable, el nombre por el que los mortales lo conocemos. Se encarnó y vimos su gloria como la gloria del unigénito del Padre, lleno de gracia y de verdad. Este es *"EL VERBO DE DIOS"*, el Señor Jesucristo.
      - En el versículo 15: *"De su boca sale una espada aguda, para herir con ella a las naciones"*. Él habla y las cosas suceden.
      - Tiene fuerza y poder porque, también en el versículo 15, leemos: *"y él las regirá con vara de hierro; y él pisa el lagar del vino del furor y de la ira del Dios Todopoderoso"*. Este es el día del juicio. Después Juan ve su nombre escrito como Rey de reyes y Señor de señores.
      - Juan describe a los santos que vienen con Él en el versículo 14: *"Y los ejércitos celestiales, vestidos de lino finísimo, blanco y limpio, le seguían en caballos blancos"*. Ya se nos ha presentado a estos santos en Apocalipsis 19:8. Son todos los creyentes que viven y son salvos en nuestra dispensación, la era de la iglesia.

   b. La batalla de Armagedón
      - La batalla de Armagedón comienza en el versículo 17. y termina de forma abrupta.
      - La batalla de Armagedón es la escena en la que el gran Dios y Salvador, nuestro Señor Jesucristo, aparece para intervenir en la historia humana.
      - Los primeros versículos del capítulo vuelven a contar la cena de las bodas del Cordero, lo cual está precedido por las bodas del Hijo de Dios con su esposa.
      - Inmediatamente después de las bodas y la cena, las puertas del cielo se abren en el triunfo de los ejércitos de gloria.
      - Inmediatamente después de la cena de las bodas, nuestro Señor aparece en gloria con su ejército angelical y con sus santos. Interviene en este asombroso y catastrófico holocausto.
      - Notemos que la historia no se funde callada y gradualmente en el reino de nuestro Señor. El fin llega de forma violenta; viene con furia.
      - Hemos visto esta batalla descrita antes en el libro de Apocalipsis. Podemos encontrar estas referencias en Apocalipsis 9:16, 11:15, 14:17-29, y 16:12-16; y aquí en Apocalipsis 19.
      - Esta batalla, el conflicto final que disuelve la historia humana, aparece una y otra vez en el Antiguo Testamento.

- Todos los profetas, en un mismo acorde, dicen que los ejércitos de la tierra se reunirán en Palestina. El rey del norte desciende, quizá Rusia. El rey de occidente viene, quizá los estados europeos confederados. Los reyes del oriente vendrán, quizá China. El rey del sur viene, quizá las naciones africanas. Todos estos se juntarán en Megido, que es el campo de batalla del mundo.
- Sabemos que se reúnen porque hemos encontrado la respuesta en Apocalipsis 16:13,14 y 16.
- Juan describe los ejércitos que pelean contra el Señor Cristo. Él no ve la batalla, solo el ángel que está en el sol, en gloria, llamando a todas las aves del cielo para que vengan (véase el versículo 17).
- La guerra misma solo se le describe a Juan mientras ve al ángel que hace este horrible anuncio. Los buitres de la tierra vienen cuando la tierra está bañada en sangre.
- Después Juan describe lo que describió el ángel, los ejércitos que vienen a pelear contra el Señor en el versículo 19: *"Y vi a la bestia, a los reyes de la tierra y a sus ejércitos, reunidos para guerrear contra el que montaba el caballo, y contra su ejército"*.
- Este trío de la bestia, los reyes y el falso profeta, están dirigiendo la oposición contra el Señor Dios. Pero no duran mucho porque el guerrero invencible, Cristo, siempre triunfa. La guerra se termina rápidamente, como leemos en el versículo 20.
- Mire cómo se libra la batalla en el versículo 20 y copie este versículo:

____

____

____

____

____

____

- La bestia es apresada. Dios lo hace. Y con él, el falso profeta es apresado también. Ambos son echados vivos al lago de fuego, que arde con azufre. Después, finalmente, el remanente, los reyes restantes, son muertos y las aves se alimentan de su carne (véase el versículo 21).

¿Cuánto recuerda?

1. ¿Cuáles son los cuatro aleluyas que vemos en los versículos 1-6?
2. ¿Quiénes son el esposo y la esposa en las bodas del Cordero?
3. ¿Cómo se prepara la novia?
4. Cuando se especula con la cena de las bodas, ¿quiénes serán los invitados que son llamados a asistir?
5. ¿Qué sucede rápida e inmediatamente después de la cena de las bodas?
6. ¿Qué información se nos da sobre la batalla de Armagedón? ¿Cómo y dónde se producirá?

Su tarea para la próxima semana:

1. Lea Apocalipsis capítulo 20.
2. Repase sus notas de esta lección.
3. Subraye su Biblia.

Notas de la lección 21

Lección 22
APOCALIPSIS 20

Satanás atado y desatado. La primera y la segunda resurrección. El glorioso milenio. El juicio del trono blanco. La segunda muerte

En el capítulo 20 encontramos cinco lecciones en solo quince versículos de la Escritura. Cubren algunos de los temas más importantes que enfrentamos como cristianos. El capítulo se divide en los temas escritos arriba, pero están en forma continua.

1. Un breve repaso de la batalla de Armagedón
   - El capítulo 19 de Apocalipsis concluyó con la batalla de Armagedón, en la que el Señor Dios intervino abierta y públicamente en la historia humana a través de la venida de Cristo.
   - En esa guerra, en la que el anticristo y el falso profeta guiaron a los reyes y los ejércitos de la tierra, hay un derramamiento de sangre indescriptible. Los enemigos de Dios son destruidos, y el anticristo y el falso profeta son echados al lago de fuego y azufre.
   - Además del anticristo y el falso profeta, y además de los reyes, ejércitos y naciones de la tierra, hay una personalidad siniestra y maliciosa que los ha guiado al lagar de la ira y el juicio del Dios todopoderoso. Debido a este astuto engaño, ellos han sido llevados a este último rechazo de Dios y su guerra abierta contra el cielo.
2. Satanás es atado (versículos 1-3)
   - ¿Qué hay de este engañador astuto, inusual, dotado y sutil? ¿Logra escapar? La respuesta se encuentra en Apocalipsis 20. Dios lo ha señalado y marcado para un juicio especial y condenación. Esta es la atadura de Satanás, el enemigo del pueblo del Señor.
   - En los versículos 1-3 encontramos algunas palabras y frases poco comunes:

     > *Vi* [Juan] *a un ángel que descendía del cielo, con la llave del abismo, y una gran cadena en la mano. Y prendió al dragón, la serpiente antigua, que es el diablo y Satanás, y lo ató por mil años; y lo arrojó al abismo, y lo encerró, y puso su sello sobre él, para que no engañase más a las naciones, hasta que fuesen cumplidos mil años.*

   - El ángel del Señor descendió con la llave al "abyss", que es la palabra griega usada aquí. El ángel vino para encerrar a Satanás en el pozo del abismo.
   - El ángel tenía en su mano una gran cadena. Esta cadena no es como la cadena de un herrero. Esta cadena la hizo el Señor. Al margen de cómo sea la cadena que usa Dios, con la que ata a estos malvados, negros y fétidos demonios en el abismo, es este tipo de cadena la que el ángel usa contra Satanás.
3. El significado de los cuatro nombres de Satanás
   - Satanás es descrito aquí con cuatro nombres. Los nombres están exactamente en el mismo orden descrito en el capítulo 12. Los dos primeros nombres reflejan su personalidad y los dos siguientes son sus nombres personales. Así como muchos de nosotros tenemos dos nombres, también Satanás tiene dos nombres personales.
     a. *"Dragón"* se refiere a su liderazgo de los gobiernos del mundo semejantes a una bestia.
     b. *"Serpiente"* se refiere a su naturaleza sutil. En el principio, en el huerto del Edén, fue como una serpiente como se manifestó a nuestros primeros padres y les hizo apartarse de Dios.

c. *"Diablo"*. Aunque hay muchos demonios, hay solo un diablo. Diablo se refiere a su carácter como mentiroso y asesino.

d. *"Satanás"*, que significa "acusador". Él es el que engañó a nuestros primeros padres. Es el que trajo la muerte al mundo. Satanás es el enemigo de Dios. Se opuso a Dios al principio. Sus obras a lo largo de las Escrituras son incontables.

- Dios envió un poderoso ángel del cielo con una llave y una poderosa cadena en su mano. Ese ángel apresó al dragón, la serpiente llamada diablo y Satanás, y lo echó al abismo, donde le puso un sello y lo encerró en el pozo del abismo.

4. Las palabras *"pozo"* e *"infierno"*

- El diablo es echado al pozo, donde es atado durante mil años. Pero después de mil años es soltado por un tiempo, después del cual es echado al lago de fuego y azufre.
- La diferencia entre el pozo y el lago de fuego se explica claramente en la Palabra de Dios.
- El lago de fuego es el infierno. El pozo es otra cosa. La palabra *"pozo"* o "abismo" se usa nueve veces en el Nuevo Testamento, y siete de esas ocasiones están en Apocalipsis. En griego, significa "pozo sin fin".
- Nos hacemos bien una idea de a qué se refiere cuando leemos Lucas 8:27-33. Busque estos versículos:

____

____

____

____

- El pozo es un lugar horrible. Es un encarcelamiento; es un lugar donde los demonios, nauseabundos y malvados, han sido encadenados por el Señor Dios.
- Siempre se refiere a un lugar donde Dios encarcela a los ángeles caídos y los espíritus malignos y fétidos. Es ahí donde será echado Satanás, encadenado, encerrado y sellado durante mil años.
- Pero hay otros lugares más allá de esta vida en la tumba, además del pozo, porque leemos en Apocalipsis 19:20: *"Y la bestia fue apresada, y con ella el falso profeta… Estos dos fueron lanzados vivos dentro de un lago de fuego que arde con azufre"*. Ese es el último lugar donde el diablo es echado, y veremos eso después.
- Veremos que el último lugar del anticristo, el falso profeta, Satanás y los muertos malvados, finalmente será el mismo lugar.
- Existe algo de confusión con respecto a estos dos lugares, y esa confusión reside en la traducción, especialmente en la versión Reina Valera, porque traduce las palabras *Seol* y *Hades* como *"infierno"*. En estas malas traducciones, llegamos a una posición en la que no tenemos idea de lo que Dios nos ha revelado de ese otro mundo.
- La palabra *Seol* se usó en el Antiguo Testamento sesenta y cinco veces. Treinta y una veces, en otra versión en inglés, se traduce como *"infierno"*. Treinta y una veces se traduce como *"la tumba"*. Tres veces se traduce como *"el pozo"*.
- En el Nuevo Testamento, la palabra *Hades* es el equivalente exacto de *Seol* en el Antiguo Testamento. Son palabras idénticas. La palabra *"Hades"* en el Nuevo Testamento se usa once veces. Diez veces se traduce como *"infierno"*; una vez se traduce como *"la tumba"*.
- Pero no hay nada en las palabras *Seol* o *Hades* que se refiera al infierno, nada. A lo único que se refiere *Seol*, y a lo único que se refiere *Hades*, es al mundo invisible de los difuntos más allá de esta vida.

5. El milenio
   - Juan ve a un ángel atar a Satanás con cadenas y sellarlo en un pozo. Durante mil años (el milenio), Satanás no podrá engañar más a la humanidad. Ominosamente, no obstante, Satanás será liberado al final del milenio una última vez.
   - Los eruditos bíblicos difieren sobre si los mil años se deberían tomar literalmente, pero parece claro que al margen de la longitud real de este tiempo, los mil años describen una cantidad fijada de tiempo que Dios ha determinado. Comienza cuando Satanás es atado después de la batalla de Armagedón, y termina cuando Satanás es liberado por un tiempo.
   - Después, Juan describe un reino terrenal que será gobernado por Cristo y sus santos. En particular, está gobernado por esos santos que fueron martirizados por la bestia debido a su lealtad a Cristo. Es una nueva era, un nuevo orden. No podemos concebir un mundo sin pecado en el que reina la justicia. Nuestra vida nunca ha conocido un tiempo en el que no luchemos contra el pecado y la iniquidad. Llorar, lamentar, la separación, la desesperación, estas cosas son comunes en nuestros días. Pero en esta Era Dorada, todo esto será eliminado.
   - Solo los salvos entrarán en el milenio, solo los que fueron lavados en la sangre del Cordero. Nadie que no se convirtió puede entrar. En Daniel 7:18 leemos: *"Después recibirán el reino los santos del Altísimo, y poseerán el reino hasta el siglo, eternamente y para siempre"*. Daniel repite este énfasis una y otra vez. Todo el que entre en el reino milenario es salvo.
   - *"Y vi a los muertos, grandes y pequeños, de pie ante Dios; y los libros fueron abiertos, y otro libro fue abierto, el cual es el libro de la vida; y fueron juzgados los muertos por las cosas que estaban escritas en los libros, según sus obras"* (20:12).
   - El reino milenario no es temporal. Se funde finalmente en el gran reino final del Señor Dios Todopoderoso en la eternidad. No debemos pensar que Cristo viene a este mundo para establecer un reino solo para que Satanás lo destruya. No es así.
   - Dios dará a todos los creyentes a lo largo de la historia humana cuerpos resucitados para vivir, reinar y servir como sacerdotes con Cristo en el milenio. Los que han resucitado nunca volverán a morir; vivirán para siempre con Cristo.
   - También, poblando la tierra durante el milenio, están los que se alinearon con la bestia antes de su muerte y sus descendientes. Ellos vivirán en sus cuerpos naturales bajo el reinado de Cristo y sus santos resucitados durante el milenio. Recordemos que solo los *ejércitos* del anticristo fueron muertos en la batalla de Armagedón.
6. Tras el milenio
   - Llegamos ahora a una revelación en la Palabra de Dios que es difícil para nosotros de entender. Cuando el milenio termina, Satanás es liberado de la prisión durante un corto periodo de tiempo, y engañará a la gente de la tierra (no a los santos resucitados).
   - Un líder llamado Gog, de una tierra llamada Magog, reunirá un gran ejército y marchará sobre la ciudad de Jerusalén, la ciudad donde Jesús vive y reina.
   - El propósito de soltar a Satanás es *"reunirlos para la batalla; el número de los cuales es como la arena del mar"* (20:8). Ellos pelean contra los santos y todo lo que Dios defiende.
   - ¿Por qué es soltado Satanás? Muchos han especulado con esto. La mayoría dice que es para que toda las personas que crezcan durante el milenio, bajo el reino perfecto y justo de Cristo, puedan tener la oportunidad de escoger entre lo bueno y lo malo, entre Dios y Satanás. Estas personas nunca han sido tentadas o probadas. Al margen de que esto sea cierto o no, la tesis es creíble.

- No puedo explicar totalmente por qué Dios permite que Satanás sea liberado, tras haberlo encerrado en el abismo. No entiendo esto, pero sabemos que toda persona que haya nacido debe tener la oportunidad de escoger entre el bien y el mal.
- La liberación de Satanás es solo por un tiempo corto. Antes de que él y su ejército puedan entrar en la ciudad, Dios hace llover fuego sobre ellos, y mueren. Dios después envía a Satanás al lago de fuego con la bestia y el falso profeta donde *"serán atormentados día y noche por los siglos de los siglos"* (20:10).
- Juan nos ha contado el destino de la bestia, el falso profeta y Satanás mismo. Pero ¿qué sucederá a las personas que, a lo largo de la historia humana, rechazaron a Dios mientras vivieron, pero ahora están muertos?

7. El trono blanco
    - La visión de Juan pasa a un gran trono blanco sobre el que Dios se sienta. En el versículo 4, Juan dice: *"Y vi tronos, y se sentaron sobre ellos los que recibieron facultad de juzgar"*.
    - Esto es comparable a Daniel 7:9-10,22: *"Estuve mirando hasta que fueron puestos tronos, y se sentó un Anciano de días, cuyo vestido era blanco como la nieve, y el pelo de su cabeza como lana limpialana limpia; su trono llama de fuego, y las ruedas del mismo, fuego ardiente. Un río de fuego procedía y salía de delante de él; millares de millares le servían, y millones de millones asistían delante de él; el Juez se sentó, y los libros fueron abiertos...hasta que vino el Anciano de días, y se dio el juicio a los santos del Altísimo; y llegó el tiempo, y los santos recibieron el reino"*.
    - Todo el universo físico deja de existir. Todos los muertos injustos son resucitados y se unen a los creyentes ya resucitados. Tanto los santos como los malvados acuden delante de Dios, donde Él revisa los libros que contienen sus obras.
    - Después Juan menciona otro libro, el libro de la vida. Este libro contiene a todos los *salvados* de Dios. La única forma de que una persona sea salva es mediante la sangre del Cordero de Dios, Jesucristo. Toda persona cuyo nombre no sea hallado en el libro de la vida es enviada al lago de fuego.
    - La decisión que enfrenta cada alma humana es la decisión que debemos tomar por nosotros mismos. Ningún hombre puede decir jamás que Dios lo envió al infierno. Ningún hombre puede decir que Dios condenó su alma. El fuego no se hizo para el hombre; se hizo un tormento y un fuego y un infierno para el diablo y sus ángeles. Las únicas personas que están ahí son las que decidieron poner su suerte, su vida y su destino con el diablo y sus ángeles. No hay nadie allí excepto los que escogen ir. Hay una decisión que cada hombre debe tomar, y se encuentra en el versículo 15: *"Y el que no se halló inscrito en el libro de la vida...."*. Este *"el que"* es la misma palabra que se encuentra en la gran invitación de Apocalipsis 22:17: *"y el que quiera, tome del agua de la vida gratuitamente"*. Es el mismo "todo aquel" que se encuentra en Juan 3:16: *"todo aquel que en él cree, no se pierda, mas tenga vida eterna"*. Dios pide una confesión abierta de fe en la que todos puedan ver y todos puedan saber.
    - *"Y la muerte y el Hades fueron lanzados al lago de fuego. Esta es la muerte segunda"* (20:14). La muerte misma es también arrojada al lago de fuego, lo cual significa que ninguna persona salvada puede volver a morir.

¿Cuánto recuerda?

1. ¿Cuáles son los significados de los cuatro nombres de Satanás?
2. ¿Cuál es la diferencia entre el abismo y el lago de fuego?
3. ¿Quiénes son los únicos que entran con Cristo en el milenio?
4. ¿Qué les sucede a aquellos cuyos nombres no se hallen en el libro de la vida?
5. ¿Por qué los salvos nunca volverán a morir?

Su tarea para la próxima semana:

1. Lea Apocalipsis capítulo 21.
2. Repase sus notas de esta lección.
3. Subraye su Biblia.

Notas de la lección 22

Lección 23

APOCALIPSIS 21

Un cielo nuevo. Una tierra nueva. La nueva Jerusalên

Tras el juicio del gran trono blanco de Apocalipsis 20, en Apocalipsis 21 llegamos a la climática visión final. Apocalipsis 21:1-8 describe el nuevo cielo y la nueva tierra. Apocalipsis 21:9-22 describe la ciudad santa de Dios, la nueva Jerusalén.

El texto habla de la recreación. Esta es una creación nueva, redimida.

1. El cielo nuevo
   - La Biblia habla de tres cielos: primero, al mundo atmosférico en el que vivimos, el cielo por el que vuelan los pájaros y donde flotan las nubes; segundo, el cielo de las esferas estrelladas, la vía láctea y todas las estrellas que vemos por la noche; tercero, el cielo de los cielos, el trono y morada de Dios.
   - Cuando la Biblia dice que habrá un cielo nuevo, se refiere ciertamente al cielo inmediatamente encima de nosotros, el cielo de la atmósfera. Creo que también incluye el cielo estrellado y todos los sistemas que Dios ha puesto en el espacio.
   - En la recreación de Dios, todo nuestro universo será rehecho en una gloria impoluta.
2. La tierra nueva
   - Juan después dice: *"Vi… una tierra nueva"* (21:1).
   - Nuestro planeta lleno de pecado va a experimentar una redención y rejuvenecimiento. Ya no será abierto por arados y azadas para dar mucho fruto. Ya no estará infestado de espinos, cizaña y zarzas. Ya no se abrirá con tumbas y se labrará de cementerios. Ya no recibirá el rocío de lágrimas ni se manchará de sangre humana. Habrá un mundo nuevo y redimido. Será un paraíso recuperado, un Edén restaurado.
3. La nueva Jerusalén
   - *"Y yo Juan vi la santa ciudad, la nueva Jerusalén"* (21:2).
   - En la nueva creación, Dios construirá una nueva ciudad celestial como centro para su gobierno, su pueblo y su lugar de morada. Apocalipsis 18 describe la ciudad de Babilonia, la última obra de las manos de los hombres, construida como un desafío al Señor. Esta ciudad reflejará la gloria del Cordero, una capital celestial para Dios.
   - Fue el propósito de Dios que el hombre tuviera dominio sobre el vasto mundo a su alrededor, pero el pecado maldijo este sueño y condenó la vida del hombre. Pero hasta donde el pecado es destruido, hasta allí llega la redención. Debido al pecado, el hombre fue despojado de su legítimo dominio, pero por la gracia, Dios restaurará al hombre, su creación perdida. Todo lo que el pecado ha tocado será destruido. Dios redimirá y limpiará.

   a. No aniquilación, sino renovación
      - En el versículo 1 Juan dice: *"Vi un cielo nuevo y una tierra nueva; porque el primer cielo y la primera tierra pasaron"*. ¿Significa esto que el antiguo primer cielo y la antigua primera tierra serán aniquilados? ¿O significa que es el mismo cielo renovado y redimido, y que es la misma tierra purificada y regenerada?
      - La palabra griega traducida como *"pasaron"* es *parerchomai*. Su principal significado no es extinción o aniquilación, sino que se refiere a un cambio de un lugar o situación a otro. Por ejemplo, un barco puede *parerchomai* por el mar, es decir "pasar por" el mar y por el

horizonte. El barco "pasa" por el horizonte y ya no se le ve más. No se refiere a la extinción o la aniquilación del barco. Del mismo modo, cuando Juan dice que el primer cielo y la primera tierra pasaron, no quiere decir que quedan extintos sino más bien que han cambiado de una condición a otra.

b. El método de purificación de Dios

- Isaías 65:17 dice: *"Porque he aquí que yo crearé nuevos cielos y nueva tierra; y de lo primero no habrá memoria, ni más vendrá al pensamiento"*. Todo lo que ha sido ensuciado por el pecado y Satanás, será purificado. Es la purificación por fuego lo que hace que la tierra y los cielos sean nuevos.
- Este método de purificación se encuentra en 2 Pedro 3:7. Lea cómo se pelea la batalla en el versículo 20 y copie este versículo:

____

____

____

____

____

- Aquí, Pedro nos da lo que probablemente es la descripción más exhaustiva de cómo el Señor recreará los nuevos cielos y la nueva tierra. Es uno de los entendimientos científicos más avanzados de la composición de la tierra y su destrucción final, que se halla en cualquier lugar de las Escrituras. Su traducción literal debería ser la siguiente: "Pero los cielos y la tierra actuales están contenidos por la misma Palabra de Dios, almacenados con fuego, reservados para el día de juicio y perdición de los impíos". La frase "almacenados con fuego" se encuentra dentro de la tierra misma. Sabemos que esto es científicamente cierto, pero Pedro sabía todo esto hace dos mil años. Isaías lo supo hace dos mil quinientos años. Dios siempre lo supo, porque Él es quien creó la tierra.

- Encontraremos en las promesas de la Palabra de Dios que vamos a heredar la tierra. El Salmo 37:9 dice: *"Porque los malignos serán destruidos, pero los que esperan en Jehová, ellos heredarán la tierra"*. En Mateo 5:5 Jesús dijo: *"Bienaventurados los mansos, porque ellos recibirán la tierra por heredad"*. El Salmo 37:29 dice: *"Los justos heredarán la tierra, y vivirán para siempre sobre ella"*. Cuando comparamos estas ideas, llegamos a una sola idea: Dios hará para nosotros un cielo nuevo y una tierra nueva, y una ciudad nueva llamada la nueva Jerusalén.

4. Dentro de la ciudad nueva

- Juan da primero una descripción del exterior de la ciudad, y después la describe desde dentro.
- Tenemos una descripción del exterior en los versículos 9-21. Todas las piedras nombradas son palabras griegas. La ciudad irradia la gloria de Dios, la cual Juan compara con un jaspe brillante (como un diamante en este caso).
- Juan describe el interior de la ciudad en los versículos 21 hasta el versículo 5 del capítulo 22.
- Tercero, una muralla alta rodea la ciudad por los cuatro lados. En cada muralla hay tres puertas (un total de doce), y doce ángeles ocupan las doce puertas. Las puertas tienen los nombres de las doce tribus de Israel escritos en ellas. El muro de la ciudad también tiene doce cimientos, y los nombres de los doce apóstoles de Jesús están en los cimientos. Doce significa término y perfección, y es la multiplicación de los números sagrados tres y cuatro.

- ¿Cuál es el significado de los muros, puertas, ángeles, cimientos y nombres escritos en ellos? El muro se enfatiza en 21:18, donde leemos que está hecho de jaspe, lo cual da a entender que su propósito no es la defensa sino más bien irradiar la gloria de Dios. Es un muro muy alto por el tamaño de la ciudad, pero especialmente debido a la grandeza de la gloria de Dios. En consonancia con el versículo 11, *"teniendo la gloria de Dios"*.
- En los versículos 15-17 el ángel mide las dimensiones de la ciudad. La ciudad se construye como un cubo, con cada dimensión del cubo de doce mil estadios (unos 2500 kilómetros), un volumen verdaderamente enorme. Los muros son de 144 codos (65 metros) de grosor.
- Para enfatizar la gloria de la ciudad, Juan escribe que los muros están hechos de jaspe (una piedra preciosa), y la ciudad está hecha de oro puro. No se conoce ese tipo de oro, así que Juan debe estar intentando describir un metal precioso que sobrepasa la experiencia humana.
- En resumen, Apocalipsis se construye sobre una larga tradición al describir la majestad de la ciudad celestial y a la vez transformar esas imágenes en una descripción de la gloria que recibirán los santos en base a la presencia de Dios y su estatus sacerdotal en la ciudad eterna.
- El versículo 22 describe el hecho de que no hay templo en la nueva Jerusalén, porque Dios Padre y Jesús son el templo. La luz gloriosa que emana de Dios y de su Hijo significa que no hay necesidad de un sol o de una luna en el cielo.
- Al meditar en la gloria de la nueva Jerusalén, quizá Juan estaba abrumado por la visión de la presencia de Dios y recordó la profecía de Isaías 60:19: *"El sol nunca más te servirá de luz para el día, ni el resplandor de la luna te alumbrará, sino que Jehová te será por luz perpetua, y el Dios tuyo por tu gloria"*.
- A diferencia de las típicas ciudades, las puertas de la nueva Jerusalén nunca se cerrarán. Todos los reyes de la tierra serán bienvenidos a la ciudad para honrar a Dios. Pero Juan nos recuerda que solo aquellos cuyos nombres estén escritos en el libro de la vida entrarán en la ciudad. La maldad nunca manchará el cielo nuevo y la tierra nueva.
- En Apocalipsis 22:1-2 vemos que la nueva Jerusalén es también el huerto del Edén restaurado. *"Después me mostró un río limpio de agua de vida, resplandeciente como cristal, que salía del trono de Dios y del Cordero. En medio de la calle de la ciudad, y a uno y otro lado del río, estaba el árbol de la vida"* (22:2). Hay un río de vida que fluye directamente del trono de Dios Padre y del Cordero. Notemos que es un solo trono que comparten.
- La maldición de Génesis 3:14 es revertida porque ya no hay pecado. Todos los siervos de Dios lo adorarán en el Edén restaurado, y lo adorarán cara a cara.
- La presencia del río de la vida en la nueva Jerusalén es una forma pintoresca de decir que la muerte, con todos sus logros siniestros, ha sido abolida y que la vida reina de manera suprema.
- Allí, los siervos de Dios reinarán con Él para siempre.

¿Cuánto recuerda?

1. ¿Cuáles son los tres cielos a los que hace referencia la Biblia?
2. ¿Por qué es importante que la tierra nueva y el cielo nuevo son una regeneración y no una aniquilación?
3. ¿Por qué no hay un templo físico en la nueva Jerusalén?
4. ¿Por qué es importante que la nueva Jerusalén se compare con el huerto del Edén?

Su tarea para la próxima semana:

1. Lea Apocalipsis capítulo 22.
2. Repase sus notas de esta lección.
3. Subraye su Biblia.

Notas de la lección 23

Lección 24
APOCALIPSIS 22

Alfa y Omega. La última invitación. Las palabras de esta profecía. La última promesa de la Biblia

1. El Alfa y la Omega (versículos 12-13,16)
    - Cuatro veces en el libro de Apocalipsis leemos las palabras: *"Yo soy el Alfa y la Omega"*.
    - La primera aparición se encuentra en Apocalipsis 1:8, donde leemos: *"Yo soy el Alfa y la Omega, principio y fin, dice el Señor, el que es y que era y que ha de venir, el Todopoderoso"*.
    - La segunda vez que se usa esta expresión es en el mismo capítulo, versículos 10 y 11: *"Yo estaba en el Espíritu en el día del Señor, y oí detrás de mí una gran voz como de trompeta, que decía: Yo soy el Alfa y la Omega, el primero y el último. Escribe en un libro lo que ves, y envíalo a las siete iglesias...."*. Aquí, Cristo dice que Él es el Señor del tiempo y de la historia. Todas las eras en desarrollo están en sus manos.
    - La tercera vez que leemos esta expresión es en Apocalipsis 21:5-6: *"Y el que estaba sentado en el trono dijo: He aquí, yo hago nuevas todas las cosas* [un cielo nuevo, una tierra nueva, una nueva ciudad capital]*... Yo soy el Alfa y la Omega, el principio y el fin"*. Aquí, dice que es el Señor Dios del nuevo orden y de la nueva creación.
    - La cuarta y última vez que se usa esta expresión es aquí en Apocalipsis 22:12-13: *"He aquí yo vengo pronto, y mi galardón conmigo, para recompensar a cada uno según sea su obra. Yo soy el Alfa y la Omega, el principio y el fin, el primero y el último"*. Se afirma de nuestro Señor Cristo que es el juez de todos los hombres, Él es el gran juez de la tierra, y se sienta en la jurisdicción del tiempo, la historia y la creación.
    - Estos cuatro pasajes son una afirmación de la deidad de nuestro Señor Cristo.
    - Una afirmación de la deidad de nuestro Señor se encuentra también en Apocalipsis 22:16: *"Yo soy la raíz y el linaje de David"*. La frase *"el linaje de David"* es una referencia a su descendencia genealógica desde el gran rey de Israel.
    - Notemos que el siguiente texto dice primero: *"Yo soy la raíz... de David"*. Esa expresión idéntica se usa en Apocalipsis 5:5: *"Y uno de los ancianos me dijo: No llores. He aquí que el León de la tribu de Judá, la raíz de David, ha vencido para abrir el libro y desatar sus siete sellos"*.
    - Observemos esas palabras: *"la raíz de David"*, un árbol crece de esa raíz. La raíz es primero, y después, el brote y el tronco. Este dicho, por lo tanto, es una declaración de que nuestro Señor Cristo fue antes que David. En Isaías 11:10 se le llama *"la raíz de Isaí"*. Él existía antes de estos dos hombres; la vida espiritual de ellos se derivó de Él.
    - El Señor dijo: *"Antes que Abraham fuese, yo soy"* (Juan 8:58). Antes de Isaí, antes de David, el gran Dios Todopoderoso existía.
    - En Isaías 9:6 encontramos un bonito pasaje que prefigura maravillosamente esta expresión. Busque este versículo:

____

____

____

____

- Ese niño que nació es el Verbo eterno hecho carne. Este hijo que es dado al Padre eterno en la persona y presencia de un niño es la descendencia de María. En la providencia de Dios, y en la plenitud del tiempo, el Señor Dios descendió del cielo, se envolvió en carne humana en el vientre de una muchacha virgen, y se ofreció como sacrificio por nuestros pecados en el cuerpo que Dios preparó para Él. Mediante la expiación de su sangre, nuestras iniquidades y transgresiones son lavadas.
- Algunos versículos más que dibujan la existencia eterna y la inmutabilidad del Señor Cristo: Hebreos 1:10-12, Colosenses 1:17, Hebreos 1:3, y Juan 1:1-3.

a. El Alfa y la Omega de las Escrituras
    - Nuestro Señor no es solo el Alfa y la Omega, el principio y el fin, la revelación de la existencia y el ser y la persona de la deidad, sino que también es el Alfa y la Omega de las Santas Escrituras.
    - Toda la Biblia es una revelación acerca de Él. Desde el primer versículo de Génesis hasta la última bendición, cuando la gracia de nuestro Señor Jesucristo se otorga sobre todos nosotros, Él es el gran alfabeto de toda la historia, el Alfa y la Omega.

b. El Alfa y la Omega de honor y exaltación
    - Si hay alguna referencia a la elevada y santa majestad en la Biblia, es de Él.
    - Si hay alguna descripción de un oficio profético o de un carácter sacerdotal, su ejemplo supremo se puede encontrar en Él.
    - Todos los demás profetas lo siguieron, porque Él es el gran Sumo Sacerdote que hace expiación por las almas de su pueblo. Él es el Rey de reyes y su dominio no tiene fin.

c. El Alfa y la Omega de la adoración y devoción
    - Él es el principio y el final de toda exaltación y gloria.
    - En Filipenses 2:9-11 vemos estas palabras:

    > *Por lo cual Dios también le exaltó hasta lo sumo, y le dio un nombre que es sobre todo nombre, para que en el nombre de Jesús se doble toda rodilla de los que están en los cielos, y en la tierra, y debajo de la tierra; y toda lengua confiese que Jesucristo es el Señor, para gloria de Dios Padre.*

d. El Alfa y la Omega de nuestra salvación
    - ¿Qué es ser salvo? Es ser salvo por el Señor Jesús. ¿Qué es ser cristiano? Es ser un seguidor del Señor Jesús.
    - Jesús dijo: *"Yo soy el Alfa y la Omega, el principio y el fin. Al que tuviere sed, yo le daré gratuitamente de la fuente del agua de la vida"* (Apocalipsis 21:6).
    - Haya lo que haya en nuestra vida, Él está ahí para limpiarnos, perdonarnos y lavarnos, porque Él es el Alfa y la Omega de nuestra salvación.

2. La última invitación (Apocalipsis 22:17)

- Esta parte de la lección está basada en torno a la palabra *"ven"*.
- A veces, en este epílogo del libro de Apocalipsis, se escuchan distintas voces. A veces es la voz de Juan, a veces la voz del ángel, y a veces una voz más profunda desde el trono, que es el Señor mismo hablando.
- A veces es difícil entre la traducción saber qué voz es la que habla, como sucede aquí en este versículo: *"Y el Espíritu y la Esposa dicen: Ven. Y el que oye, diga: Ven. Y el que tiene sed, venga; y el que quiera, tome del agua de la vida gratuitamente"* (Apocalipsis 22:17).

- Las tres primeras veces que vemos la palabra *"ven"*, es un clamor de respuesta a los mensajes significativos y de victoria de nuestro Señor, que anunció en el versículo 12 de este mismo capítulo: *"He aquí yo vengo pronto"*.
- Las primeras voces del texto, la voz del Espíritu, la voz de la esposa de Cristo, la voz del que escuche (cada miembro individual de la congregación), son los que responden al anuncio sublime del Señor, que dice: *"He aquí yo vengo pronto"*. Ellos dicen, y nosotros decimos: "Ven, Señor, ven".
- Después se vuelve a oír la voz del Señor, recordando a los perdidos y sedientos de este mundo cansado, cuando Jesús extiende la invitación a todos los que puedan estar sedientos para que acudan a Él: *"y el que quiera, tome del agua de la vida gratuitamente"* (22:17).
- Así que hablaremos de esto en dos partes: primero, la respuesta del Espíritu, de la iglesia, y de los oyentes individuales al anuncio sublime del Cristo vivo de que vendrá pronto; segundo, hablaremos de la compasión en la voz de nuestro bendito Señor al animar a acudir a los sedientos y a los que quieran, para que beban del agua de vida.

a. La voz del Espíritu, de la iglesia, y del oyente individual

- Es natural para los que somos cristianos unirnos con los de este pasaje y decir: "Ven, Señor Jesús, ven". El anhelo y el deseo del Espíritu Santo de Dios es exaltar al Señor Jesucristo, revelarlo en belleza, gloria y triunfo. Cuando el Señor anuncia: *"He aquí yo vengo pronto"*, nuestro espíritu responde: "Ven, Señor, ven".
- La esposa dice: "Ven"; esa es la esposa de Cristo, y se repite la invitación. La esposa de Cristo, su iglesia, a lo largo de los siglos y eras ha estado en oración, esperando la venida del Señor. Al margen de cómo interprete cada grupo su venida, la verdadera iglesia de Cristo siempre se movió por esa oración de petición: "Venga tu reino; hágase tu voluntad".
- Si la iglesia está llena del Espíritu Santo, y si el Espíritu Santo habla mediante su iglesia, tienen una oración común, y es que el Señor vendrá otra vez. La iglesia clama en el Espíritu, y el Espíritu ora y clama en la iglesia, por la aparición de nuestro bendito Señor y Salvador, Jesucristo.
- *"Y el que oye, diga: Ven"* (22:17). En el sublime anuncio del Señor, *"He aquí yo vengo pronto"*, que cada individuo de la congregación vaya, y que cada miembro de la casa de la fe cuando oiga la palabra que se lee y la revelación que se da, diga en su corazón: "Sí, Señor Jesús. Regresa".
- Esa es la marca del cristiano nacido de nuevo. Ningún hombre incrédulo anhela el regreso del Salvador. Para él, es el día del juicio y premonición, y es el día de condenación, pero para los que pertenecemos a Él, es algo bendito.

b. La voz del Señor

1.) *"Ven"*

- Segundo, en medio del clamor de respuesta del Espíritu, la novia, y el individuo Cristo, el Señor habla alto y claro cuando dice: *"Y el que tiene sed, venga; y el que quiera, tome del agua de la vida gratuitamente"* (22:17). Es como si el Señor dijera a la persona que no salva: "Permíteme aparecer una última vez, para que vengas".
- La palabra *"ven"* es una de las palabras favoritas del Señor a lo largo de la Biblia.
- Ante el juicio terrible del diluvio, el Señor mandó a Noé construir un arca, y cuando la construyó, le dijo a Noé: *"Entra tú y toda tu casa en el arca"* (Génesis 7:1). El gran legislador, Moisés, de pie en medio del campamento de su pueblo, cuando estos comenzaron una orgía de pecado, dijo: *"¿Quién está por Jehová? Júntese conmigo"* (Éxodo 32:26). Es el mensaje del evangelio del Antiguo Testamento en

Isaías 1:18, que dice: *"Venid luego, dice Jehová, y estemos a cuenta"*. O en Isaías 55:1, que dice: *"A todos los sedientos: Venid a las aguas… Venid, comprad sin dinero y sin precio, vino y leche"*.

- La palabra *"ven"* fue una palabra constante de invitación en los labios de nuestro Salvador. Pasando al lado del mar, vio a los primeros discípulos pescando, y dijo: *"Venid en pos de mí"* (Marcos 1:17). El Señor también dijo: *"Dejad a los niños venir a mí, y no se lo impidáis"* (Lucas 18:16).
- Este es el propósito climático de cada reunión de adoración, de cada sermón del evangelio, y de toda la predicación que damos. Es para que la gente venga al Señor Jesús. Un predicador solo necesita el sencillo sermón: "Ven, ven al Señor Jesús. Ven y sé salvo".

2.) *"El que quiera"*

- Hemos llegado ahora al último, al llamamiento más inclusivo de todas las invitaciones de Dios en toda la Palabra de Dios cuando leemos: *"y el que quiera, tome del agua de la vida gratuitamente"* (22:17).
- La palabra *"el que quiera"* incluye a todo el mundo; toda alma. El que quiera incluirá a todos: si yo lo elijo, Dios lo elige; si yo quiero, Dios quiere.
- *"El que quiera"*: la condición no es por parte de Dios, no tiene que ver con Cristo, la condición descansa sobre mí. Dios dice: *"el que quiera"*.
- Notemos la palabra *"tome"*. Todo el que quiera, *tome*. Hay mucho significado en esa palabra. Cuando Dios dice: *"tome"*, *¿quién tiene poder para prohibir el mandato de Dios?*

3.) *"Tome"*

- *"y el que quiera, **tome** del agua de la vida gratuitamente"*.
  - *"**Tome**"*, y yo vuelvo a enfatizar: *tome*. Qué evangelio tan sencillo; qué mensaje tan simple. Tome.
  - ¿Desea un hombre a Cristo? Entonces que tome a Cristo. ¿Desea un hombre vida? Entonces que tome vida. ¿Desea un hombre el cielo? Entonces que tome el cielo.
  - Dios nos enseña a todos a decir a los que necesitan salvación: *"Tome"*. No dice nada sobre los sentimientos, sobre llevar una carga de justicia y buenas obras, sino que Dios simplemente dice: *"tome"*, y eso es todo.
  - Dios dice que la gracia, la gracia abundante, proveerá el arrepentimiento, la fe y los dones que nos acercan a Dios. No traiga precio, coste, buenas obras, elogios o recomendaciones. Solo acepte lo que Dios tiene que ofrecer *tomándolo a Él*.

3. ¿Puede el pueblo de Dios ser borrado del libro de la vida? (versículos 18-19)

Si alguno añadiere a estas cosas, Dios traerá sobre él las plagas que están escritas en este libro. Y si alguno quitare de las palabras del libro de esta profecía, Dios quitará su parte del libro de la vida, y de la santa ciudad y de las cosas que están escritas en este libro. (Apocalipsis 22:18-19)

- Tras haber sido salvados y regenerados, ¿podemos caer de la gracia y el cuidado de nuestro Señor?
- La respuesta es clara para mí. Este pasaje no está discutiendo la posibilidad de que los salvos finalmente se pierdan; solo es una advertencia de Dios de que su Palabra es inmutable, eterna y que no cambia.

- Este es un mandato serio y solemne del Señor, de que su Palabra no se debe cambiar, mutilar o alterar. No se debe añadir y no se debe quitar nada de ella.
- ¿Cuál es, entonces, el significado de esta amenaza, de que si un hombre quita del libro, Dios quitará su nombre del libro de la vida? ¿Significa que un hombre regenerado y nacido de nuevo podría caer y finalmente perderse?
- Eso es imposible. Es imposible como lo es la sugerencia de que un hombre regenerado pudiera mutilar la Santa Palabra de Dios. Él no haría eso. No pertenece a los elegidos de Dios cambiar la Palabra de Dios, ni entraría en el corazón de un hombre que ha sido regenerado hacer eso con la Palabra de Dios.

Notas de la lección 24

Lección 25

UN RESUMEN DEL LIBRO DE APOCALIPSIS

Al mirar esta profecía una vez más desde una montaña elevada, veremos un breve panorama global de lo que hemos aprendido a lo largo de nuestro curso de estudio. Así que nos pondremos en un lugar exaltado junto a nuestro Señor, y con Él, miraremos la vista de este Apocalipsis, esta revelación.

1. El libro en sí
   - Sin el Apocalipsis, la Biblia estaría incompleta. Por grande y amplia que sea la base, sin el toque final del Apocalipsis estaría sin terminar para siempre e incompleta. Sin esta visión final y climática, los grandes asuntos suscitados en las Escrituras se quedan para siempre sin resolver y sin respuesta.
   - La visión se le dio a un hombre llamado Juan. Tres veces Dios llama su nombre, Juan. Dice en Apocalipsis 1:4: *"Juan, a las siete iglesias que están en Asia"*. Después, en Apocalipsis 1:9: *"Yo Juan, vuestro hermano, y copartícipe vuestro en la tribulación, en el reino y en la paciencia de Jesucristo, estaba en la isla llamada Patmos, por causa de la palabra de Dios y el testimonio de Jesucristo"*. En Apocalipsis 22:8, en el epílogo, dijo: *"Yo Juan soy el que oyó y vio estas cosas"*.

   a. ¿Quién es Juan?
      - Es un hombre de tan grande autoridad en las iglesias, que su palabra se aceptó inmediatamente como la Palabra de Dios mismo.
      - Es el apóstol Juan y tuvo un lugar inusual y prominente entre aquellos primeros cristianos.
      - Cuando Juan dejó la ciudad de Jerusalén durante la guerra de Judea, llegó a la provincia romana de Asia alrededor del año 69 d. C. Se convirtió en pastor de la iglesia en Éfeso y el líder espiritual de todo el pueblo de Dios en esa parte oriental del Imperio Romano.
      - Domiciano reinó como emperador del Imperio Romano desde el 81 d. C. hasta aproximadamente el 96 d. C. Así, el apocalipsis se vio en la isla de Patmos alrededor del 96 d. C., después de que Juan fuera exiliado a esa isla por la Palabra de Dios.
      - Clemente de Alejandría, otro padre de la iglesia primitiva, dijo que después de la muerte de Domiciano, Juan dejó el exilio en Patmos y regresó a Éfeso, así que la visión se vio y escribió en torno al 96 d. C.

   b. El apocalipsis
      - La palabra *"apocalipsis"* se encuentra en la primera frase del libro de Apocalipsis. Traducido literalmente, "apocalipsis" es *"la revelación de Jesucristo"*,
      - El libro de Apocalipsis es la revelación de la deidad de Cristo, revelándolo como Señor de todo.
      - Veintiocho veces es llamado *"el Cordero de Dios"*, una referencia a su humanidad, pero muchas veces es adorado en el cielo como Dios.
      - El Apocalipsis es un libro de profecía. Cuatro veces es llamado precisamente eso, y tres más expone que el contenido del libro es profético (véase Apocalipsis 1:3; 11:6; 19:10; 22:7, 10, 18, 19).
      - Hay siete bienaventuranzas en el libro de Apocalipsis, que cubrimos en una lección anterior, pero esta dice: *"Bienaventurado el que lee, y los que oyen las palabras"* (Apocalipsis 1:3).

- El libro se escribió para ser leído en público y en privado. Hay una bendición tanto para el que lo lee como para la congregación que lo lee.
- El Nuevo Testamento tiene un volumen de profecía que comprende la respuesta de Dios a las preguntas de las edades, cuando consideramos la gran promesa de nuestro Señor: *"Y si me fuere y os preparare lugar, vendré otra vez"* (Juan 14:3).
- ¿Es que esa promesa nunca se cumplirá? Este libro de profecía es la respuesta de Dios a esa tremenda oración de su pueblo: "Venga tu reino". Es la revelación, la visión abierta, de la venida de nuestro Cristo triunfante.

2. El bosquejo de Apocalipsis

- La visión sigue un bosquejo que se nos dio en Apocalipsis 1:19, el cual hemos cubierto, pero que repasaremos brevemente.

  a. Primero, el bosquejo de Dios dice: *"Escribe las cosas que has visto...."*

  - Juan escribió la visión que había visto, la visión del Señor glorificado en el primer capítulo de Apocalipsis.

  b. Después, el Señor dice: *"y las que son...."*

  - Juan pertenecía a la misma dispensación de la gracia en la que vivimos hoy, la era de las iglesias. *"Las que son"* se refiere a las cosas de las iglesias.
  - Así Juan escribió, en la segunda división de las cosas que son, el curso de las iglesias.
  - Está el periodo efesio: los días de los apóstoles.
  - Está el periodo esmírneo: los días de los mártires.
  - Está el periodo pergameno: los días en que la iglesia se casó con el estado.
  - Está el periodo tiatiro: los días en que la iglesia se vestía de escarlata y se engalanaba como la mujer Jezabel.
  - Está el periodo sardiano: los días en que grandes hombres de fe llamaron a la gente a regresar a la fe verdadera.
  - Está el periodo filadelfino: los días en que la iglesia de los grandes movimientos misioneros buscaba llevar el nombre de Jesús a todo el mundo.
  - Finalmente, está el periodo laodiceo: los días en que las puertas de la iglesia se han cerrado.

  c. Lo tercero que el Señor le dijo a Juan que escribiera fue *"las que han de ser después de estas"*.

  - Cuando llegamos a Apocalipsis 4:1 encontramos esas mismas palabras de nuevo: *"Después de esto miré, y he aquí una puerta abierta en el cielo; y la primera voz que oí, como de trompeta, hablando conmigo, dijo: Sube acá, y yo te mostraré las cosas que sucederán después de estas"*.
  - Apocalipsis 3 cierra el periodo de la iglesia. Apocalipsis 4 marca la apertura de la visita que reside más allá del rapto del pueblo de Dios. No se les vuelve a ver aquí en la tierra. La novia de Cristo está en el cielo.
  - En Apocalipsis 19 se ve a la novia de Cristo, tras su boda con el Cordero y después de la cena de las bodas del Cordero, viniendo en gloria con su Señor triunfante.
  - ¿Cómo llegó allí arriba la gente de la iglesia? Fueron arrebatados. La palabra anglosajona es *raptados*, que significa tomados o arrebatados.
  - Juan es llevado al cielo, y allí ve a la iglesia raptada y el trono, y alrededor del trono, los veinticuatro ancianos.

  d. Capítulos 4-21

- Los capítulos que siguen en la tercera gran división del Apocalipsis son, por el Espíritu de Dios, una revelación, una revelación de los días de los que habla nuestro Señor en el discurso apocalíptico de Mateo 24.
- Es la visión de los asombrosos días antes de que Cristo regrese a la tierra.
- Los capítulos 4-5 nos preparan para el libro de redención puesto en las benditas manos de nuestro Señor.
- El capítulo 6 describe los seis primeros sellos.
- El capítulo 7 relata el sellado de los testigos de Dios, doce mil de cada una de las tribus de Israel.
- El capítulo 8 narra la apertura del séptimo sello y el toque de las cuatro primeras trompetas.
- El capítulo 9 describe el sonido de la quinta y sexta trompetas.
- El capítulo 10 sigue la historia del librito dado a Juan, para que entienda los amargos juicios de Dios sobre los incrédulos.
- El capítulo 11 narra los dos grandes testigos del Señor y, finalmente, el toque de la séptima y última trompeta.
- Comenzando el capítulo 12, Dios repasa a los grandes personajes del desenlace final. Está la mujer que dio a luz al hijo varón que reinará la tierra con vara de hierro. Esta mujer es Israel, que dio a luz al Salvador, el Cristo. Está el diablo, el dragón antiguo, listo para destruir al Señor y su pueblo. Está Miguel, que defiende al pueblo de Dios contra Satanás. Después de la victoriosa guerra de Miguel en el cielo, Satanás es echado a la tierra con su fuego ardiente y abrasador. Así, en truenos y relámpagos, los juicios de Dios caen en los últimos días de la tierra.
- En el capítulo 13 está el desenlace de los dos sistemas finales de la tierra: el sistema político dirigido por una bestia, y el sistema religioso dirigido por el falso profeta.
- El capítulo 14 trae a la vista el pueblo de Dios que es salvado de esos asombrosos días de tribulación. En los primeros días de la tribulación, Dios sella a 144 000, y en el capítulo 14 encontramos que no hay 143 900, sino 144 000 que aún son preservados porque son los elegidos de Dios. También en el capítulo 14 está la gran revelación de la cosecha de la tierra, la cual ningún hombre puede contar.
- Los capítulos 15-16 son el derramamiento de las últimas copas de ira.
- El capítulo 17 describe el juicio sobre el falso sistema religioso llamado Jezabel, o Babilonia.
- El capítulo 18 es el juicio de Dios sobre los hombres que adoran a mamón, el dinero o la Babilonia comercial.
- El capítulo 19 es la venida de Cristo. En medio de la temible batalla de Armagedón, cuando parece que los hombres se destruirán unos a otros, se abren los cielos y el Señor regresa con su pueblo, como describe Judas: *"He aquí, vino el Señor con sus santas decenas de millares"* (Judas 1:14).
- El capítulo 20 es cuando Satanás es atado y llegan los días del milenio.
- El capítulo 21 nos trae la nueva creación. Hay un cielo nuevo, una tierra nueva y una nueva Jerusalén, donde ya no hay más tristeza, lloro, lágrimas, dolor o muerte.

3. La última promesa del libro (capítulo 22:20-21)

- Llegamos ahora al término y al último pensamiento de nuestro estudio del libro de Apocalipsis.
- Estos dos versículos, versículos 20 y 21, cierran el canon de las Santas Escrituras.

- *"El que da testimonio de estas cosas dice: Ciertamente vengo en breve. Amén; sí, ven, Señor Jesús. La gracia de nuestro Señor Jesucristo sea con todos vosotros. Amén"*. Y se cierra el libro. El libro se cierra, entonces, para siempre. No se añadirá ni se quitará nada de él.
- Estos versículos son la última vez que Cristo habla a la tierra. La próxima vez que oigamos la voz del Hijo del Hombre será cuando descienda en gloria con un grito y con voz de arcángel, y con la trompeta de Dios.
- Estas últimas palabras de la Escritura están llenas de la verdad de Dios, como si el Espíritu Santo resumiera en estas pocas palabras toda la revelación y el testimonio del Señor a lo largo de las eras.
- Primero, la certidumbre de su venida. Segundo, las últimas palabras de un Hombre, la afirmación y la última oración que salió de sus labios. Y tercero, vemos el recuerdo final de bendición del amor y de la gracia del Señor Jesús sobre su pueblo.
- *"Ciertamente vengo en breve"*. Esa es una declaración de la certidumbre del regreso de nuestro Señor. Este ha sido el texto y el tema del Apocalipsis a lo largo de todo el libro.
- La Biblia comienza con una promesa de un Señor que vendrá. El Espíritu Santo cierra las Escrituras con una promesa de la venida, otra vez, de nuestro Señor.
- En Génesis 3:15, Dios dijo que presentaría una simiente de la mujer que causaría un conflicto que duraría para siempre entre el Señor y Satanás.
- El que viene de nuevo es ese que dijo: *"Y si me fuere y os preparare lugar, vendré otra vez, y os tomaré a mí mismo, para que donde yo estoy, vosotros también estéis"* (Juan 14:3).
- Ese mismo de quien el ángel dijo: *"Varones galileos, ¿por qué estáis mirando al cielo? Este mismo Jesús, que ha sido tomado de vosotros al cielo, así vendrá como le habéis visto ir al cielo"* (Hechos 1:11).
- Pablo dijo: *"Porque el Señor mismo… descenderá del cielo"* (1 Tesalonicenses 4:16).
- Así, cuando leemos esta frase: *"Ciertamente vengo en breve"*, está hablando de nuestro bendito Señor y Salvador Jesucristo.
- Y ahora la bendición final: *"La gracia de nuestro Señor Jesucristo sea con todos vosotros. Amén"* (Apocalipsis 22:21).

¿Cuánto recuerda?

1. ¿Cuáles son las tres divisiones principales del libro de Apocalipsis?
2. Escriba un párrafo detallando cómo ha crecido espiritualmente al completar este curso de estudio y qué nuevos conocimientos ha adquirido.

ACERCA DEL AUTOR

El Dr. Alan B. Stringfellow (1922–1993), maestro bíblico y ministro del evangelio durante más de cuatro décadas, estaba especializado en educación cristiana. Preocupado desde siempre por la lucha que la mayoría de las personas tienen para entender la Biblia, se propuso escribir un curso de estudio que aportara a los creyentes más conocimiento y un mayor aprecio de la Palabra de Dios. Escribió *A través de la Biblia en un año, Grandes verdades de la Biblia* y *Grandes personajes de la Biblia* para laicos, para que fueran enseñados por laicos. El Dr. Stringfellow estudió en Southwestern Baptist Theological Seminary en Fort Worth, Texas, después de lo cual sirvió en distintas iglesias: Travis Avenue Baptist Church en Fort Worth; First Baptist Church of West Palm Beach, Florida; First Baptist Church of Fresno, California; y First Baptist Church of Van Nuys, California.